요셉의 나귀
Joseph's donkey

요셉의 나귀

초판 1쇄 발행   2016년 5월 2일
지은이   김요한
펴낸이   김윤희
삽화   빛 고을 양

펴낸곳   플레로마
등록   제2016-000050호
주소   서울특별시 마포구 독막로 266 102-2404
전화   02-719-5080
이메일   pleroma2016@naver.com

책값은 뒤표지에 있습니다.

ISBN 979-11-957796-0-4 03230

요셉의 나귀
Joseph's donkey

Special thanks to

최고의 이야기꾼이 들려주신

가장 훌륭한 이야기는 자신의 삶이었습니다.

당신의 이야기가 제 인생을 변화시켰습니다.

예수님, 감사합니다.

차 례

1장
예루살렘에 오다

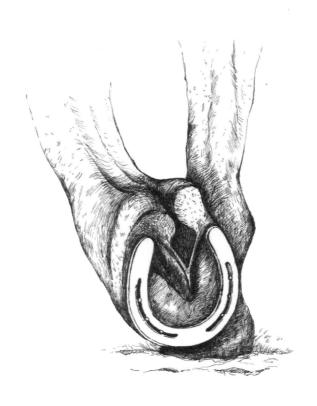

그곳은 커다란 혹을 달고 있는 낙타들이 긴 행렬을 이루고 있는 것 마냥 누런 황금빛 언덕들이 줄줄이 연결된 땅이었다. 푸석푸석한 돌들 사이로 수천 년에 걸쳐 지나다녔던 사람과 동물에 의해 다져진 길이 길게 이어졌다.

어디선가 불어오는 바람이 누런 흙먼지를 쓸어가자 길이 향하는 지평선 끝자락에 거대한 성이 그 모습을 드러냈다. 도무지 이런 황무지와 어울릴 것 같지 않은 모습으로 갑자기 나타난 거대한 성이었다.

어디선가 사람들의 노랫소리가 들려왔다. 그것은 세계 각지에서 저 성을 찾아오는 순례자들이 길 위에서 기력을 잃지 않도록 서로 격려하며 부르는 노랫소리였다. 성에 가까워질수록 그 노랫소리들이 하나의 가락으로 합쳐지면서 거대한 함성처럼 울려 퍼졌다.

요셉은 흥얼흥얼 순례자들의 노래에 장단을 맞추며 길을 걸었다. 그의 옆에는 짐을 가득 싫은 나귀가 터덕터덕 먼지를 피워 올렸다. 가이사랴 항구에서 내려 여기에 이르기까지 수일간 한가롭기만 하던 여행이었다.

하지만 예루살렘성 앞에 펼쳐진 장사진에 가로막히면서 그들의 한가로운 여행에 끝이 다가왔음을 알렸다. 성으로 들어가려는 순례자들이 좁은 성문 앞에 몰려들면서 북새통을 이루고 있었다. 이날이 이스라엘 최대의 명절인 유월절을 열이틀 앞둔 날이었다.

성문 앞을 가득 메운 사람들 틈바구니를 헤치고 겨우 성안으로 들어온 요셉은 익숙하게 큰길에서 벗어나서 한적한 골목으로 접어들고 나서야 비로소 한숨을 돌렸다.

"휴, 예루살렘성에 올 때마다 느끼는 것이지만, 이 성은 그 자체가 거대한 돌덩어리로 만들어진 것만 같아. 돌을 쌓아 만들었다기보다 돌을 뚫고 들어온 것 같지 않니?"

요셉은 평소 습관대로 옆에서 걷고 있는 건장한 나귀에게 속삭였다. 키프로스에서 여기까지 오는 동안 무거운 짐을 지고도 불평 한마디 없이 동행해 준 나귀였다. 나귀는 마치 주인의 말이 귀찮기라도 한 것처럼 요셉의 얼굴을 흘낏 쳐다보고는 다시 고개를 아래로 처박고 천천히 걸어갔다.

크고 작은 돌을 켜켜이 쌓아 올린 집들이 좌우로 병풍처럼 길게 늘어선 사이로 작은 돌을 촘촘하게 박고 다져서 만든 좁은 골목길에 다각다각 나귀의 편자 소리가 울려 퍼졌다.

"네가 많이 지친 모양이구나.

그래, 조금만 더 힘내자."

이번에는 나귀가 고개를 들지도 않았지만 그래도

주인의 말을 알아듣기는 했는지 성큼성큼 걷는 발걸음이 조금 더 빨라졌다. 그들은 그렇게 부지런히 걸어서 골목길 끝에 자리 잡은 한 집에 도착했다.

유월절에는 엄청나게 많은 사람이 예루살렘으로 몰려들기 때문에 치안이 불안했다. 그래서 손님을 맞아들이고 접대하기를 즐기는 사람들조차도 이 무렵에는 문을 꼭꼭 걸어 잠그곤 했다.

"쿵쿵쿵", "쿵쿵쿵"

문을 두드리며 기다린 지 한참이 지나서야 대문 안쪽에서 인기척이 났다.

"죄송하지만 우리 집에는 빈방이 없어요. 주인님 동생분이 오시기로 되어 있단 말이에요. 딴 집으로 가보세요."

앳된 여자아이의 음성이었다.

어딘가 골이 잔뜩 난 듯한 말투가 아마도 투숙할 빈방을 찾아다니는 순례자들에게 어지간히도 시달렸던 모양이었다.

요셉은 아이의 음성에 얼굴 가득 반가운 미소를

베어 물었다.

"로데, 나다!

네가 말한 그 주인님 동생 요셉이다."

"어머나!"

놀란 외침과 함께 우당탕거리며 뛰어가는 발걸음 소리가 대문 밖 골목까지 울렸다.

"주인마님, 왔어요. 드디어 왔다고요!"

하지만 골목길에 서 있던 요셉과 나귀는 굳게 닫힌 대문이 열리기까지 아직도 한참을 더 기다려야만 했다.

"허, 참. 저 아이는 여전하구나. 일단 문이라도 열 어주고 가면 좋았을 것을."

그동안 주인의 중얼거림에 별반 반응이 없던 나귀 도 이번만큼은 마음이 완전히 통했는지 머리를 위 아래로 끄덕끄덕 흔들면서 킁킁 콧김을 뿜었다.

요셉을 따라 키프로스에서 온 나귀는 알싸한 향기가 풀풀 날리는 새 건초더미에 벌러덩 드러누웠다.

"아하. 푹신한 것이 참 좋구나."

며칠 동안의 고생이 한순간에 날아가는 것 같은 상쾌함이 몰려왔다.

하지만 그는 잠들지 못했다. 무겁게 내리누르는 눈꺼풀의 무게를 즐기며 가물가물거리는 눈을 껌벅거리던 그의 얼굴 앞에 회색 얼굴 하나가 불쑥 나타났기 때문이었다. 화들짝 놀라서 벌떡 일어선 그의 앞에 아직 솜털이 뽀송뽀송한 어린 나귀가 물끄러미 바라보고 있었다.

"아저씨가 키프로스에서 온 나귀예요?"

키프로스에서 온 나귀는 눈을 가늘게 뜨며 도대체 이놈이 누굴까 하는 고민에 빠져들었다. 이 집에 있는 나귀 중에 그가 모르는 나귀는 없었다. 그런데 지금 이놈은 나를 아는데 나는 이놈을 모른다. 심사가 살짝 뒤틀렸다.

"꼬마야, 가라. 나 피곤하다."

조그만 녀석의 머리가 눈앞에서 사라졌다. 그러나 간 것이 아니었다. 그 머리가 쪼르르 건장한 나귀의 옆으로 붙어서더니 앞발과 뒷발을 연신 들여다보면서 떠들어댔다.

"아저씨 발에 이게 뭐예요? 사람들처럼 신발을 신으신 건가요? 예루살렘의 나귀 중에는 이런 신발을 신은 나귀는 단 한 번도 본 적이 없어요. 키프로스의 나귀들 사이에 유행하는 것인가 봐요?"

"꼬마야. 그건 편자라는 거다. 키프로스에서 유행하는 것이 아니라 나처럼 먼 길을 여행하는 나귀들이 더 잘 걸을 수 있도록 도와주는 신발이다.

보통 집나귀들은 편자를 안 하니까 넌 모를 거다."

"아니에요!"

"뭐라고?"

"아니라고요!"

"허, 이거 참. 너 편자를 처음 보는 것이 아니었

느냐? 그런데 네가 어떻게 맞다 아니다 할 수가 있어?"

"그게 아니고 제 이름이 꼬마가 아니라고요.

제 이름은 '베렉'이에요."

어른 나귀는 "끙" 소리가 절로 나왔다.

"꼬마, 아니 꼬마 베렉! 그만 가라.

난 쉬고 싶다."

"아저씨 이름이 '잇도'에요?"

"누구에게 내 이름을 들었는지 모르겠다만 너 같은 꼬마가 함부로 들먹일 이름이 아니다. 과연 네놈이 그럴 자격이 있는지 한 번 시험해 볼까?"

그가 젊은 시절 입술을 뒤집고 허옇게 이빨을 드러낸 채 푸르륵 한 번 침을 튀겨주면 웬만한 나귀들은 슬금슬금 뒤로 꽁무니를 빼고 도망가기 마련이었다. 그는 요 당돌한 꼬마 나귀도 잔뜩 겁을 집어먹고 뒷걸음질 치는 것을 보면서 속으로 씩 웃었다.

하지만 베렉도 만만치 않았다.

"잇도 아저씨. 그럼 쉬세요. 나중에 또 봐요."

잇도는 베렉이 하는 꼴이 어이없었지만, 왠지 그렇게 밉지도 않았다. '흐아함' 크게 하품을 한 잇도는 싱그러운 향기가 폴폴 날리는 건초더미에 다시금 벌러덩 육중한 몸을 뉘었다. 곧이어 드르렁거리는 소리가 규칙적으로 마구간에 울려 퍼졌다.

이 집의 주인인 마리아는 남편이 일찍 죽고 요한이라는 아들 하나를 두고 사는 과부였다. 예루살렘의 과부들은 가난에 치여서 힘든 생활을 하는 경우가 많았지만, 마리아는 죽은 남편이 남긴 재산이 많아서 생활이 넉넉했다.

그녀의 집은 남쪽 성문에서 시작하는 대로변 두 번째 골목길에서 가장 큰 집이기도 했다. 이 집의 이층은 넓고 시원해서 가족들이 다 모일 때는 주로 이곳을 이용했다. 오늘도 그곳에 예루살렘 주변의 일가친척들이 많이 모여들었다. 다들 키프로스에서 온 귀한 손님을 보기 위해서였다.

마리아의 동생인 요셉은 어릴 적부터 키프로스에서 살았지만, 그가 조상 대대로 물려받아 온 땅이 여전히 예루살렘과 그 주변에 산재해 있었다. 그리고 친척들이 그 땅을 빌려서 농사를 짓고 있었기 때문에 비록 그가 일 년에 한 번씩 만 온다고 해도 아무도 그를 무시할 수 없었다. 요셉은 가난한 친척들에게 늘 친절했고 모두 그를 좋아했다.

"건강해 보이니 좋구먼. 작년에는 자네가 오지 않아서 다들 걱정을 많이 했다네. 무슨 일이 있었던 건가?"

포도주를 너무 많이 마신 탓에 햇볕에 검게 그은 얼굴이 더욱 검어진 아므람이 물었다. 아므람은 예루살렘 근처에 살면서 요셉의 땅을 관리하는 대리인이기도 했다.

"작년에는 지중해에 큰 폭풍이 있었거든. 파도가 얼마나 거세던지 키프로스의 노련한 뱃사공들도 속수무책이었다네. 그렇게 시간만 보내다가 때를 놓쳤지 뭔가?"

"삼촌, 그러지 말고 아예 예루살렘으로 이사 오세요. 그냥 우리 집에서 같이 사시면 되잖아요?"

마리아의 아들인 요한이 집안 어른들의 대화에 불쑥 끼어들었다. 예의가 없는 행동이었지만 홀어머니 밑에서 귀한 대접만 받고 자란 요한에게는 자주 있는 일이었다. 그의 이런 태도는 자식이 없어 조카를 친자식처럼 귀여워하는 요셉에게도 일부 책임이 있었다. 이번에도 눈살을 찌푸린 아므람과는 달리 요셉은 너털웃음을 터뜨렸다.

"하하하. 안 그래도 이번에는 그런 생각을 하면서 오긴 했단다. 내가 누님 집에 얹혀살진 않겠지만 이사할 만한 적당한 집을 찾을 때까지 신세 좀 지자꾸나."

"그게 정말인가? 거 잘 생각했네. 나도 좋은 집이 있는지 한 번 알아봄세."

거나하게 마신 포도주 탓에 필요 이상으로 과하게 반색하는 아므람뿐만 아니라 다른 사람들도 요셉의 이사계획을 진심으로 기뻐해 주었다.

유대인이라면 인생의 말년을 예루살렘에서 보내다가 죽어 이곳에 묻히기를 간절히 바랐다. 메시아가 와서 유대인들의 왕국을 세울 때, 죽은 자들의 부활이 예루살렘에서부터 시작된다고 믿었기 때문이었다.

이런 사실을 잘 알고 있던 그들은 부자 친척 요셉이 예루살렘에 정착하겠다고 하자 진작 그랬어야 할 일이라고 생각했다.
 요셉의 정착 계획을 듣고 다시 분위기가 왁자지껄해지는 것을 보면서 상석에 앉아 있던 마리아가 가만히 미소를 지었다.

주인집 안채 다락방에서 터져 나온 떠들썩한 웃음소리가 얕은 담장을 넘어 너른 마당을 가득 채웠다.

　늦은 밤 굳게 닫힌 대문 옆에 옹기종기 모여서 두런두런 대화를 나누던 나귀들이 순간 조용해졌다. 그리고 마당에 가득 찼던 웃음소리가 모래에 스며드는 바닷물처럼 깊은 어둠 사이로 흩어질 때까지 두 귀만 쫑긋거렸다.

　"아직 모임이 끝나려면 멀었어. 주인마님의 동생이 2년 만에 왔으니 다들 반갑기도 하겠지.

　더군다나 요셉은 남들이 걷는 소작료의 반도 받지 않는 분인데 누가 감히 그분보다 먼저 자리를 뜰 수 있겠나?"

　경험 많은 늙은 나귀 마길이 상황을 진단했다. 각자 주인을 태우고 돌아가야 하는 나귀들은 마길의 말을 듣고 다시 마음의 여유를 되찾았고 두런두런 끊어졌던 이야기들을 다시 이어갔다.

그 와중에 잇도는 뭇 가축들의 존경을 받는 마길이 자기의 주인을 칭찬하자 기분이 좋았다. 요셉은 큰 부자인데도 거만하지 않고 어려운 사람들을 잘 도와줬기 때문에 사람들이 그를 '바나바(위로의 아들)'라고 부르며 존경하고 있었다.

본래 주인이 있는 짐승은 주인이 받는 칭찬과 욕을 함께 나누는 법인지라 잇도도 마치 자신이 존경을 받는 듯한 기분이 들었다.

"흥, 주인이 아무리 좋은 사람이면 뭐해요?

다른 사람들이 뒤에서 '바라카(머저리의 아들)'라고 놀리는 것도 모르고!"

누군가가 자기의 주인을 욕하는 말을 하자 잇도의 입술이 뒤집히며 나귀 특유의 커다란 이빨이 하얗게 드러났다.

한때 로마군을 따라 전쟁터를 누비던 짐나귀였던 시절의 성질머리가 도지려는 순간이었다. 그러나 두 귀를 빳빳이 세운 채 자신을 빤히 쳐다보고 있는 암나귀의 또렷한 눈망울과 눈이 마주치자 잇도는 자신도 모르게 맥이 탁 풀렸다. 더구나 그 뒤에 딱 붙어서 조그만 머리를 내밀고 귀를 쫑긋거리고 있는 낯익은 꼬마 녀석하고도 눈이 마주치자, 말까지 더듬거렸다.

"노, 노아로구나. 도, 도대체 그게 무슨 소리냐?"

"아므람이라고 알죠? 당신 주인님의 땅을 관리하는 그 사람 말이에요. 그는 요셉에게 주어야 할 소작료를 가로채고 있어요. 하지만 착하기만 한 당신 주인은 전혀 그런 눈치를 못 채고 있죠. 아므람이 얼마나 뒤에서 당신 주인을 비웃는지 안다면 그렇게 자랑스러운 얼굴을 하진 못할 텐데요."

노아는 아름다운 암나귀였다. 잇도는 이상하게도 암나귀들 앞에서는 영락없이 철없는 젊은 수나귀처럼 허둥대는 일이 잦았다. 더구나 젊은 시절 짝사랑했던 암나귀와 많이 닮은 노아 앞에서는 그런 증상이 더 심했다. 수년 전에 노아가 심마라는 나귀와 결혼을 해서 이 집을 떠났다는 말을 들었을 때는 이상하게 허전한 마음이 들기도 했었다.

그리고 몇 년 만에 보는 그녀는 어엿한 아들까지 두고 있었는데, 바로 전날 그를 귀찮게 하던 어린 나귀 베렉이었다.

"노아야, 그만해라. 자네도 이해해주게. 저 애가 요즘 힘든 일이 많았거든."

"아, 저, 뭐. 저야 괜찮습니다."

잇도는 어색한 분위기를 바꾸어보려고 베렉에게 관심을 돌렸다.

"어이, 꼬마 베렉. 어제는 미안했다. 그땐 내가 너무 피곤했거든. 이제 보니 너 아주 잘 생겼다. 어른이 되면 아주 큰 일꾼이 되겠어."

"전 큰 일꾼 따윈 되지 않을 거예요."

"뭐라고?"

"전 곡식 자루나 나르고 술 취한 농부나 태우고 다니는 그런 나귀가 되진 않을 거라고요. 저도 아저씨처럼 요셉 같은 주인님을 만나서 세계 여기저기를 여행하는 나귀가 되고 싶어요."

어린 나귀의 철없는 동경이었다.

하지만 그런 베렉을 물끄러미 바라보는 어미의 눈에 스쳐 지나가는 아픈 기색은 어떤 사연이 있을 거라 짐작하게 했다. 잇도는 머리를 살살 흔들었다.

왠지 이번 예루살렘 방문에는 복잡한 일들이 많이 벌어질 것만 같았다.

요한은 처음에는 파리가 앵앵거리는 소리라고 생각했다. 간밤에 늦게까지 이어진 잔치의 후유증으로 인해 해가 중천으로 향한 시각까지 침상을 벗어나지 못하고 있던 그였다. 그런데 그 파리가 집채만 한 놈이었는지 파리의 날개바람에 이불이 확 걷혔다. 그리고 이어 들리는 앵앵 소리가 그의 귀를 뚫고 들어와 감긴 눈을 강제로 열고 빠져나갔다.

"아이, 참. 작은 주인님! 주인마님이 꼭 모셔오라고 했단 말이에요. 빨리 일어나세요!"

파리는 간데없고 허리에 두 손을 척 얹은 로데가 그의 침상 옆에 버티고 서 있었다.

종이 주인의 침실에까지 함부로 난입하는 불경을 저지르면 매를 맞거나 심하면 죽임을 당할 수도 있었다. 엄연히 성경에 유대인이 동족을 종으로 삼았을 때는 심하게 다루지 말고 형제처럼 대해주라는 규정이 있었지만, 그것이 문자 수준을 넘어서 실제로 적용된 예는 거의 없었다.

하지만 이 집의 로데는 현실에서는 거의 없는 예외에 속했다. 이 집에서 태어나고 자란 로데는 종의 신분이면서도 마리아에게는 딸과 같았고 요한에게는 어린 누이와 같았다.

요한은 푹신한 가죽 방석에 왼쪽 팔꿈치를 걸치고 비스듬히 기대앉은 채 오른손을 뻗어 봉긋하게 부푼 빵을 집어 들었다. 손에 잡은 빵을 입으로 가져가서 우물거리기까지 한참이 걸렸다. 누룩을 넣고 발효시켜 만든 달콤하고 부드러운 빵인데도 입안이 까칠한 그에게는 나무뿌리를 씹는 것처럼 질기고 쓴맛이 났다. 그는 그만 먹고 싶었지만, 곁에서 빤히 쳐다보고 있는 어머니의 눈길을 의식하지 않을

수가 없었다. 마리아를 힐끗 쳐다보고 작게 한숨을
내쉬다가 마지막으로 작은 치즈 조각을 입에 털어
넣었다. 그리고 손을 털며 일어났다.

"조금 더 먹으렴. 빵이 거의 그대로 남았잖니?"

"아뇨. 많이 먹었어요. 그리고 요셉 삼촌하고 유
월절 식사에 쓸 양을 구하러 가기로 했는데 삼촌을
기다리게 하면 안 되죠."

"그래, 알았다. 그럼 여기 양젖이라도 한 잔 더 마
시고 일어나렴."

요한은 작은 한숨을 한 번 더 내쉬고는 얼른 양젖을 따라 마셨다. 그리고 요셉을 찾으러 마당으로 나갔다.

요셉은 이미 그의 건장한 나귀에 안장을 얹은 채 마당에 서 있었다. 요한은 잠깐 마구간의 늙은 나귀를 떠올렸지만 이내 고개를 흔들었다. 며칠 전 저 나귀를 타고 나갔다가 길에서 주저앉는 바람에 얼마나 민망한 상황이 되었는지가 생각이 났다. 그가 내리자 쓰러졌던 나귀가 금방 일어났으니 망정이지 하마터면 자신이 나귀를 짊어지고 올 뻔했다.

재작년 시골로 보내버린 젊은 암나귀가 새삼 아쉬웠다. 별수 없이 걸어서 다녀올 것을 생각하니 다시 한숨이 몰려왔다.

"어휴!"

"무슨 한숨 소리가 그렇게 크냐? 늦잠 잤다고 꾸중이라도 들은 게냐?"

"아니에요. 심호흡 좀 했어요. 이제부터 많이 걸어야 할 텐데 미리 몸을 풀어 놓으면 좋잖아요?"

"새 나귀를 하나 사지 그러냐?

내가 돈을 좀 보태주련?"

"아니요, 그럴 필요 없어요. 예루살렘성에서 나귀 탈 일이 얼마나 있다고요? 일 년에 한두 번 시골 갈 때 쓰려고 건강한 나귀를 집에 둔다면 그거야말로 낭비죠."

"하하. 네 말이 일리가 있구나.

그럼 나도 같이 걷자꾸나. 급한 일도 없으니 오랜만에 만난 조카와 이야기도 실컷 하면서 말이야."

"그럼, 저 나귀는 어떻게 하고요?"

"저놈? 데려가야지.

올 때 양을 내가 메고 올 수는 없잖니?"

그렇게 삼촌과 조카, 그리고 나귀 한 마리가 해가 머리 꼭대기에서 비추는 시간에 예루살렘성을 빠져나갔다. 평소라면 사람들 왕래가 뜸할 시간이었지만 지금은 명절을 앞두고 몰려들고 있는 순례자들로 인해 길이 매우 혼잡했다.

그러나 그것도 잠시였고 요셉과 요한이 잘 다져진

길에서 벗어나 동쪽 산 능선 하나를 휘감아 도는 작은 샛길로 접어들자 더는 순례자들이 보이지 않았다. 다만 그들이 합창처럼 부르는 순례자의 노랫소리만이 산굽이를 따라 부는 바람결을 따라 은은하게 들렸다.

2장
벳바게에 머물다

한 시간가량을 걸어 그들이 도착한 곳은 작은 마을 두 곳이 서로 마주 보고 있는 지역이었다. 벳바게와 베다니로 불리는 두 마을은 낡고 허술한 집들이 듬성듬성 서 있는 모양이 마치 형제처럼 보일 정도로 닮아 있었다.

다만 언덕에 있는 벳바게보다 평지에 자리 잡은 베다니의 규모가 조금 더 클 뿐이었다. 그들은 예루살렘에서 조금 더 가까운 마을 벳바게로 들어갔다. 그리고 그들은 이곳에 자주 온 듯 익숙한 걸음걸이로 마을에서 가장 큰 집을 찾아갔다.

"여보게, 아므람 있는가?"

"누구세요? 요한 형! 요셉 아저씨!"

"그래, 잘 있었느냐?"

"그럼요! 아버지께 아저씨께서 오셨다는 말은 들었어요."

"어머니. 나와 보세요.

요셉 아저씨하고 요한 형이 왔어요."

"허허허. 제수씨. 잘 지내셨어요?"

"아이고. 정말 오랜만이네요. 얼른 들어오세요. 식사는 하셨어요?"

"예, 하하하."

그들은 서로 반갑게 어수선한 인사를 나누었지만 정작 만나러 온 아므람은 집에 없었다. 그는 오랫동안 미루고 신경 쓰지 않았던 일들을 이제라도 서둘러 처리하려고 아침 일찍 나갔다. 요셉의 대리인으로서 마땅히 해야 했을 일들이었다. 이런 사정을 잘 아는 아므람의 가족들은 요셉에게 그런 이야기를 시시콜콜 해줄 수 없었다. 그들로서는 최대한의 환대를 베풀며 아므람이 돌아올 때까지 요셉을 붙잡아 두는 것이 최선이었다. 그렇게 시간이 흘렀고 결국 해 질 녘에나 돌아온 아므람 때문에 그들은 하루 더 머물러야만 했다.

노아가 피곤한 발걸음으로 마당을 가로질러 마구간으로 향했다. 아침부터 지금까지 주인을 태우고 다니느라 많이 지쳤다. 늘 그렇듯이 어린 베렉도 종일 어미의 뒤를 따라다녔기 때문에 매우 지쳐 있었다. 하지만 내색하지 않고 씩씩하게 걸으려고 애를 썼다. 그러나 지친 그들이 마구간에 들어가서도 당장은 편히 쉬기가 어려웠다. 그들만의 보금자리에 불청객이 있었기 때문이었다.

"꼬마야, 이제 오냐?"

"잇도 아저씨!"

커다란 덩치를 자랑하는 잇도가 바닥에 대고 있던 배를 들고 일어나자 허술한 마구간이 더욱 비좁아 보였다. 노아가 어떻게 된 일이냐는 질문을 담아

쳐다보자 잇도는 어색하게 웃었다. 사실 그도 단란한 나귀 가족의 마구간에 초대받지 않은 손님으로 끼는 것이 불편했다. 하지만 어쩌겠는가? 요셉이 이 집에서 하룻밤 머물기로 했으니 그도 어떻게든 눈칫밥을 먹으며 밤이슬을 피해야 했다.

그래도 다행인 것은 귀한 손님과 함께 온 나귀라고 주인아주머니가 깨끗하게 잘 말린 건초더미를 수북하게 넣어 준 것이었다. 심지어 싱싱한 당근도 한 바구니나 있었다.

잇도가 그 바구니를 슬쩍 어린 베렉의 앞으로 밀어주자 하늘을 향해 뻗쳐 있던 노아의 긴 속눈썹이 사르르 아래로 내려왔다. '흐흐, 고슴도치도 자기 새끼는 귀여워한다고 했지.' 잇도는 속으로 중얼거리면서 희미한 미소를 지었다. 이제 잠자리 문제는 잘 해결된 것이다.

"아저씨는 여행을 많이 하셨다면서요?"

"좀 하긴 했지.

넌 내 이야기를 도대체 누구에게 들은 거냐?"

"마길 할아버지한테요. 엄마가 마길 할아버지네 집에 배달을 가실 때 제가 항상 따라가거든요.

주인님이 그 집 마당에 짐을 내리는 동안 저는 마구간으로 가서 할아버지하고 놀아요. 그러면 할아버지께서 재미있는 이야기를 많이 해 주세요."

잇도는 잠시 노아의 눈치를 보다가 소리를 낮추어서 베렉에게 소곤거렸다.

"야. 그런데 아빠는 어디 가셨냐?

심마라고 했나? 왜 안 보이시지?"

"아빠는 죽었어요. 제가 태어나기도 전에요."

"뭐? 죽어?"

그의 목소리가 컸나 보다. 조용히 되새김질하며 쉬고 있던 노아가 눈치를 채고 부리나케 다가왔다.

"이봐요. 도대체 어린 애를 붙잡고 무슨 말을 하고 싶은 거죠?"

"아, 미안해. 미안하다. 베렉.

괜히 아픈 기억을 건드렸구나."

"아뇨. 전 괜찮아요.

아빠에 대한 기억이 전혀 없는걸요."

잠시 어색한 침묵이 흘렀다.

휴, 잇도의 입에서 한숨이 새어 나왔다. 아무래도 양들이 자는 건너편 우리에 빈자리가 있는지 알아 봐야 할 것 같았다.

저녁 식사를 마치고 아므람이 포도주병을 또 꺼내자 수아는 속으로 혀를 찼다. 귀한 손님이 왔다는 핑계로 또 얼마나 마셔댈지 벌써 걱정이 된 것이다.

그런데 다행히 요셉이 말리고 나섰다.

"어허 이 사람 밤에 웬 술을 그렇게 많이 마시나?

우린 내일, 할 일이 있으니 이만 하세."

"아 그런가? 알겠네. 그럼 난 딱 한 잔만 더 하고…."

아므람은 기어코 한 잔을 더

따라 마신 후에야 병을 손에서 내려놨다. 수아는 잽싸게 다가와서 그 병을 눈에 띄지 않는 곳으로 치워버렸다. 그 모습을 보면서 요한은 쓴웃음을 지었다.

아므람의 고약한 술버릇에 이 가족들이 얼마나 시달렸을지 짐작되었다.

"내가 말일세. 요즘 형편이 좋지 않아서 속상하다네. 몇 년 전에만 해도 정말 잘 나갔는데 말이야. 그때는 농사가 잘돼서 자네 누님네 나귀까지 비싼 값에 사서 일을 시켰지. 사실 그 나귀는 오자마자 새끼를 배는 바람에 별 도움이 되지 않았네. 설상가상으로 집에서 부리던 나귀는 병이 나서 시름시름 앓다가 죽어버렸지 뭔가?

결국, 내가 이 두 손으로 쟁기도 끌고 수확물도 나르면서 정말 나귀처럼 열심히 일했다네. 하지만 2년 연속 가뭄으로 어렵게 되었지.

자네는 혹시 소작료를 너무 적게 준다고 서운해할지 모르겠지만 지금 형편이 그렇다네. 다른 집들도 다 마찬가지야.

가뭄은 하나님이 내리는 저주라는데 착하게만 살아온 내가 무슨 죄를 지었다고 이런 시련을 주시는지. 허, 참."

"걱정하지 말게. 우린 친구 아닌가? 자네 형편이 좋아질 때까지 소작료는 자네가 알아서 하게."

"고맙네. 정말 고맙네. 올해는 정말 열심히 일해서 밀린 것들까지 곱절로 갚겠네."

두 사람의 대화를 지켜보던 사람들이 저마다의 생각에 잠겼다.

요한은 아므람이 하도 간청하기에 사정이 딱한 것 같아 암나귀를 헐값에 넘겨주었던 어머니의 말씀이 기억났다.

수아는 작년 이맘때에 술에 취한 남편이 나귀 등에서 굴러떨어지고는 저놈의 나귀 탓이라고 소리지르면서 막대기로 마구 때리던 것이 기억났다.

그때 다리가 부러지도록 두들겨 맞은 나귀는 무려 열흘간이나 고통스러워하다가 죽지 않았던가!

그들은 서로 눈을 마주치고는 속을 들킨 사람처럼

흠칫 놀랐다. 아므람을 향해 '저 거짓말쟁이!'라고
외쳤던 속마음을 말이다.

잇도는 입구에서 불어오는 찬바람에 몸서리를 쳤
다. 그래도 양 우리로 내침을 당하지 않은 것만 해
도 다행이었다. 노아는 매우 피곤한 하루를 보낸 관
계로 이미 깊이 잠들어 있었다. 다만 어디가 아픈지
간간이 몸을 뒤척이면서 신음을 발하기는 했지만
말이다.

"아저씨, 주무세요?"

"어. 잔다."

"풋. 자는 나귀가 어떻게 대답을 해요?"

노아와 잇도 사이에 경계선처럼 자리 잡고 누웠던
베렉이 웃었다. 잇도는 지난 며칠 동안 한 일이라곤
고작 예루살렘에서 여기까지 한 시간 걸어온 것이
전부인지라 잠도 오지 않았는데 마침 잘됐다 싶었
지만, 짐짓 무뚝뚝하게 반응했다.

"아이는 일찍 자야 무럭무럭 큰다는 것도 모르느냐? 얼른 자라."

"잠이 잘 안 와서 그러는데요. 이야기 조금 하다가 자면 안 돼요?"

"무슨 이야기?"

"아저씨 이야기요. 저는 예루살렘 지역 바깥에서 온 나귀는 처음 만났거든요."

"허, 내 이야기라. 어디서부터 이야기를 해야 하나? 그래. 요셉 주인님을 처음 만났을 때를 말해주마."

"어릴 때부터 그분하고 산 것이 아니에요?"

"아니다. 주인님을 만나서 함께 다닌 것이 한 5~6년 된 것 같구나. 사실 나는 로마군대의 전쟁 물자를 나르던 짐나귀였단다."

"우와. 군대나귀였다고요?"

"그래. 매우 거친 일이었지. 그렇다고 전투를 했다는 것은 아니야. 그런 일은 갑옷을 입은 말들이 한단다. 우리는 전쟁 도구와 식량을 나르는 일을 주

로 했어. 그런데 로마군은 매우 빠르게 행군하기 때문에 무거운 짐을 지고 매일매일 엄청난 거리를 걸어야만 했어. 때로는 산을 넘어가기도 하고 강을 건너기도 했지. 그러다가 발목이 부러지거나 물에 떠내려간 친구들도 있고."

잇도는 잠시 아련한 추억에 잠겼다. 그 당시 함께 고생하던 나귀 중에는 형제처럼 가까워진 동료들도 있었다.

이야기가 잠시 멈추자 궁금증을 참지 못한 베렉이 끼어들었다.

"그럼 요셉 주인님을 전쟁터에서 만난 거예요?"

"주인님이 전쟁터로 온 것이 아니란다.

내가 주인님이 사는 키프로스로 갔지.

난 로마 황제의 10군단 소속으로 시리아 전투에 참여했단다. 로마에서 오는 보급품을 받기 위해 다른 나귀들과 함께 키프로스로 보내졌어. 그 당시에 나는 10살을 막 넘긴 한창때라 힘이 좋았거든.

키프로스 항구에서 배에 짐을 실을 때였어.

어떤 멍청한 놈이 배로 오르는 발판을 단단히 고정하지 않았더구나.

내가 발판을 딛고 올라서는 데 그만 발판과 함께 흔들흔들 춤을 추다가 바다에 빠져버렸단다.

죽지 않으려고 발버둥을 쳤지만, 짊어진 짐이 어찌나 무겁던지 살아날 방법이 없었어. 그때 사람들이 줄을 던져서 목에 걸더니 끌어당겼어. 아, 정말, 물에 빠져 죽기 전에 먼저 목이 졸려서 죽겠더구나.

난 그러다가 정신을 잃었다."

"그래서요?"

"깨보니까 캄캄한 밤이었어.

주변에는 로마군도 없고 다른 나귀도 없고 심지어는 배도 없더구나. 오직 처음 보는 남자가 내 온몸을 문지르고 주무르면서 지키고 있었지."

"그분이 요셉이었군요?"

"맞아. 내가 눈을 뜨고 일어나려고 버둥대니까 그분이 '깼구나. 그래, 이제 살았어. 살았다고.' 소리치면서 내 목을 안아 주었다."

"그럼 배는 어떻게 된 것이에요?"

"내가 다 죽게 되자 로마군이 포기하고 떠났겠지. 예전에도 그랬어. 발목이 부러지거나 중병이 든 나귀는 길에 그냥 버려지기도 했지. 마을이 있으면 그 마을 사람에게 헐값에 팔아버리기도 했고.

아마 주인님이 죽어가는 날 보고 불쌍히 여겨서 로마군에게 돈을 주고 샀을 거다.

주인님은 사람들이 포기하고 버리고 간 나를 살려보겠다고 밤이 맞도록 보살펴 준거지."

"정말 착한 분이군요."

"그래. 요셉은 그런 사람이지. 사람들이 그분을 바나바라고 부르는 것이 괜히 그러는 것이 아니다."

"그런 좋은 분하고 지내신다니 너무 부러워요. 우리 주인님은 아주 무섭고 못된 분이거든요."

"항상 좋은 것은 아니다.

완벽한 나귀가 없듯이 완벽한 인간도 없거든."

"휴, 저는 아빠를 죽게 한 나쁜 주인을 벗어나지 못할 거예요. 하지만 여기서 평생을 시골나귀로만

50

살다 죽으면 너무 억울할 것 같아요."

"나귀의 앞날은 아무도 모르는 거다.

내가 지금은 잘 지낸다만, 사실 난 너무 어릴 때 팔려갔기 때문에 부모의 얼굴도 기억나지 않는다. 그 후로도 여러 주인의 손을 거쳤어. 오죽했으면 거친 군대 생활까지 했겠느냐? 그러니 지금 너무 낙담할 필요는 없다. 너도 틀림없이 평생을 함께할 좋은 주인을 만날 수 있을 거다."

그때 마침 벽 쪽에 붙어서 자던 노아가 작은 신음과 함께 몸을 뒤척였다. 베렉과 잇도는 조용히 기다렸다. 혹시라도 떠드는 소리가 곤히 잠든 노아를 깨울까 봐 조심스러웠다. 다행히 노아의 숨소리가 규칙적으로 들리는 것이 깨진 않은 것 같았다.

"아함, 우리도 그만 자자꾸나."

"아함, 저도 피곤하네요. 오늘 많이 걷긴 했거든요. 잇도 아저씨, 안녕히 주무세요."

"그래, 잘 자라 베렉."

"아저씨!"

"응?"

"아저씨 이야기를 들려주셔서 고마워요."

"녀석. 그럼 다음에는 네 이야기를 들어보자꾸나."

그들은 잘 자라는 인사만 몇 번을 주고받다가 누가 먼저라고 할 것도 없이 잠에 곯아떨어졌다.

그렇게 벳바게에서의 하룻밤이 지나가고 있었다.

이른 시간이라 충분히 밝지 않은 시간이었지만 아므람을 태운 암나귀는 익숙한 발걸음으로 성큼성큼 잘 가고 있었다. 그 뒤를 어린 나귀가 졸졸 따르고 있는데 아직 잠이 덜 깼는지 조금씩 뒤처지다가 깜짝 놀라서 따라붙곤 했다. 하지만 요셉의 건장한 나귀는 선선한 아침에 길을 나서서 신이 났는지 자꾸 앞으로 치달리려고 했다.

요셉은 나귀를 진정시키고 아므람의 나귀와 속도를 맞추려고 애를 먹고 있었다.

그렇게 그들은 양떼 방목장을 찾아가고 있었다. 아므람도 양을 키우고 있긴 했지만, 그 수가 몇 마리 되지 않았고 그나마도 유월절 규정에 맞는 1년생 양은 한 마리도 없는 상황이었다.

"양을 준비하는 날이 되면 내가 어련히 알아서 좋은 놈으로 구해다 줄까? 굳이 일주일이나 빨리 양을 구하러 온 이유를 모르겠네."

"내가 왜 자네 마음을 모르겠나. 늘 고맙게 생각하고 있네. 하지만 이번에는 내 눈으로 직접 보고 고르고 싶다네. 또 지금 아니면 좋은 양들이 남아있을 것 같지도 않아서 서두른 것이니 이해해주게."

요셉은 전날의 과음으로 속이 쓰린지 인상을 쓰며 투덜대는 아므람을 부드럽게 달랬다. 말이야 부드러운 말이었지 내용에는 '예전에 네가 가져다준 양들이 마음에 안 들었다. 그러니 이번에는 내가 직접 고르고 싶다.'라는 의미가 들어 있었다.

아므람도 요셉의 말에 대해 딱히 꼬집어서 말하지는 못해도 뭔가 기분 나쁜 느낌이 드는지 뾰로통한 얼굴로 타고 있는 나귀의 엉덩이를 회초리로 찰싹 때렸다. 그 바람에 졸면서 걷던 어린 나귀가 번쩍 고개를 쳐들고 주변을 두리번거리다가 어미와 떨어진 간격을 좁히기 위해 부지런히 따라붙었다.

타고 갈 나귀가 없어서 집에 덩그러니 남아 있는 요한은 심심해서 죽을 맛이었다.

아므람의 아들인 말론이 말동무가 되어 주었지만 얼마 안 있어 그도 친구들을 만나러 간다면서 밖으로 내빼고 말았다.

그때 찬거리를 준비하려고 밭에 나갔던 수아가 돌아왔다. 홀어머니와 사는 요한은 나이 든 여인들과 대화하는 것에 아무런 거리낌이 없었다. 그는 수아와 더불어 수다를 떨면서 잠깐 무료함을 덜 수 있었다. 그때 수아가 흥미로운 이야기를 들려주었다.

작년 이맘때쯤 갈릴리 지방에서 활동하는 예수라는 선지자가 아랫마을 베다니에 와서 죽은 사람을 살렸다는 것이다.

"정말 죽은 사람을 살렸다고요?"

"그래. 나사로라는 사람인데 병으로 죽어서 돌무덤에 장사까지 지낸 사람이었어.

그런데 예수가 와서 '나사로야, 일어나서 나오라!'라고 소리치자 멀쩡하게 살아서 돌무덤에서 걸어 나왔다는 거야."

"에이, 말도 안 돼요.

죽은 사람이 어떻게 다시 살아나요?"

"아냐. 아므람하고 나도 그 사람 장례식에 참석했었는걸? 그 누이들이 얼마나 서럽게 울던지 나도 한참을 같이 울었었다고.

그런데 장례를 치렀던 그 사람이 지금은 살아서 돌아다녀. 며칠 전에도 저 동네에 볼일 보러 갔다가 집 앞에 서 있는 것을 봤어."

"우와. 정말 무시무시하네요."

"그렇지? 벌써 일 년이 지났지만 지금도 그 사람을 보면 섬뜩한 느낌이 들곤 해. 정말 살아있는 게 맞는지 가서 꼬집어보고 싶다니까! 호호호."

"아니, 저는 그 예수라는 사람이 무시무시하다고 요. 저도 그 사람 소문을 많이 들었거든요.

도대체 어떤 사람이기에 죽은 사람까지도 살려낼 수 있는 걸까요?"

"정 궁금하면 가서 물어보지 그래? 내가 나사로 누이들하고 아주 친하거든. 아므람 집에 놀러 온 조카라고 하면 친절하게 대해 줄 거야."

요한은 죽은 사람도 살린다는 예수의 이야기를 듣자 가슴이 두근거렸다.

어쩌면 그라면, 그가 소문에서 들은 것처럼 하나님이 보내신 메시아라면 지금 그의 마음을 괴롭히고 있는 문제에 대한 정답을 갖고 있을 것 같았다.

아무래도 그는 수아의 말대로 옆 마을 베다니를 다녀와야 할 것 같았다. 멀지 않은 곳이니 걸어갔다 온다고 해도 들판으로 나간 요셉이 돌아오기 전에 다녀올 수 있을 것이다.

베렉은 신이 났다. 잇도가 하룻밤 더 자고 가야 했기 때문이었다.

오늘은 일도 일찌감치 끝나서 초저녁인데도 마구간에 들어와 있으니 잘 때까지 남은 시간도 아주 넉넉했다. 잇도도 아무려면 어떠냐는 식이었으니 별불만이 없었고 오직 노아만 문제가 됐다. 어린 베렉과 단둘이서만 지내던 보금자리에 다른 수나귀가 있는 것이 여간 불편한 것이 아니었다.

그런데 주인집 아들인 말론이 또 한 마리의 나귀를 몰고 마구간으로 왔다.

노아는 갑자기 짜증이 확 몰려왔다. 자신도 모르게 '히힝' 거리며 뒷발로 벽을 찼다.

"너무 그러지 말아라. 나라고 여기 오고 싶어서 온 것이겠냐?"

늙수그레한 음성에 모두 깜짝 놀라서 쳐다봤다.

저물어 가는 석양빛을 등지고 있어서 시커멓게만

보이던 얼굴이 마구간 안으로 쑥 들이밀어지자 얼굴 윤곽이 서서히 드러났다. 길게 내밀어진 코끝에 허옇게 각질이 일어 덜렁거렸고 뺨은 홀쭉하게 살이 빠져 얼굴뼈의 윤곽이 선명했다. 다만 듬성듬성하고 축 처져 있는 속눈썹을 깜박이며 쳐다보는 두 눈만은 깊고 깊어서 달관의 연륜이 느껴지는 늙은 나귀였다.

"영감님이 여긴 웬일입니까?"

"마길 할아버지! 우와 신난다!"

둘의 반가운 외침과 달리 노아는 조금 전에 자신이 보여준 모습에 민망함을 감추지 못하고 우물쭈물했다.

마길은 평소 노아를 딸처럼 여겼는지라 그녀의 이런 모습에 오히려 너털웃음을 터뜨렸다.

"허허허. 그리 먼 곳은 아니건만 나이가 나이니만큼 여간 힘든 것이 아니구나.

나 좀 앉으면 안 되겠나?"

"예. 이쪽으로."

다급하게 노아가 뒤로 물러났다. 잇도와 베렉도 조금씩 물러나자 좁은 마구간에 늙은 나귀 한 마리가 주저앉을 만한 공간이 확보되었다.

그가 갑자기 벳바게에 나타난 이유는 요셉과 요한이 집에 돌아오지 않았기 때문이었다. 유월절에 필요한 양을 구해 오는 일은 당일치기로 충분한 일이었다. 혹시 번거로운 일이 생겨 하룻밤을 자야 한다고 해도 다음 날 오전 중으로는 돌아왔어야만 했다. 그런데 오후가 되고 황혼이 가까워도 와야 할 사람들이 오지 않으니 마음이 불안해진 마리아가 직접 이들을 찾아 나선 것이다.

덕분에 마길도 늙고 기력이 쇠한 몸으로 주인마님을 태우고 죽을힘을 다해야만 했다.

다행히 씩씩한 로데가 마길의 재갈을 잡고 끌어준 덕분에 후들거리는 다리로도 용케 쓰러지지 않고 아므람의 집에까지 올 수 있었다.

여러 나귀가 마길의 사정을 듣는 동안 수아가 나타났다. 그녀는 이번에도 부자 친척의 나귀를 위해

당근이 가득한 바구니를 가
져온 것이다.

연속해서 귀한 당근을 맛
보게 된 베렉의 입이 헤벌
쭉 벌어졌다.

"이야. 매일매일 손님이 오면 좋겠다. 그러면 맛
있는 당근도 매일 먹을 수 있을 텐데."

"그럼 잠은 어디서 자려고 그래? 여기에 나귀가
더 들어올 공간이 어디 있다고?"

"아, 그런가?"

엄마의 핀잔에 고개를 꺄웃거리는 베렉을 보며 어
른 나귀들의 입가에 큰 미소가 걸렸다.

갑작스러운 마리아의 등장으로 아므람 가족은 당
황하면서도 반가워했고, 요셉은 뜻하지 않게 지체
되어 누이를 걱정시킨 것에 대해 미안해했다.

그러는 가운데 모두를 애태우게 했던 장본인이 드

디어 나타났다. 바로 이웃 마을에 잠깐 다녀온다고 가서는 땅거미가 질 때야 비로소 나타난 요한이었다. 그나마도 말론이 베다니를 샅샅이 뒤져서 찾아온 것이라고 했다.

"도대체 왜 그런 것이냐? 내가 걱정할 것이라고는 생각도 안 해 봤니?"

"죄송해요, 어머니. 걱정시켜 드릴 생각은 전혀 없었어요. 나사로 아저씨와 그분 동생들 이야기가 너무 재미있어서 저녁이 된 줄도 몰랐네요."

멋쩍게 웃으며 목덜미를 긁는 그의 얼굴에는 미안한 기색과 더불어 뭔가 대단한 것을 발견한 사람에게서나 볼 수 있을 법한 기묘한 흥분이 어려 있었다. 아직 못마땅한 기색이 확연한 마리아가 몇 마디 더 하려고 하자 곁에 있던 요셉이 살며시 누이의 옷깃을 잡았다.

"누님. 난 배가 너무 고파요. 먼저 저녁을 먹고 나서 자세한 이야기를 들어보는 것이 어떨까요?"

"이거 우리 집에 귀한 분들이 많이 오셨으니 양

이라도 한 마리 잡아야겠는걸? 자, 다들 들어가세요. 내가 얼른 가서 양을 잡아 올 테니."

곁에서 눈치만 보고 서 있던 아므람이 얼른 상황을 정리하고 나섰다. 하지만 수아는 남편의 너스레에 한숨만 나왔다. 이제 양을 잡아가지고는 늦은 밤에나 먹을 수 있을 것이었다. 저렇게 아무 생각 없이 생색내는 소리만 하는 것이 하루 이틀이랴 만은 아무튼 어떻게든 당장 이 많은 사람이 저녁을 먹게 해야 하는 것은 그가 아니라 그녀 몫이었다.

"그래요. 다들 들어가세요.

제가 양고기는 아니라도 당장 구울 빵 반죽은 넉넉히 준비해 뒀으니까요. 손 씻는 동안이면 금방 저녁을 차릴 수 있어요."

"제가 도울게요."

눈치 빠른 로데가 잽싸게 수아 곁에 붙어 서자 비로소 사람들이 집 안으로 들어갔다.

오늘 밤 이 많은 사람이 자려면 아무래도 몇몇 남자들은 바닥에서나 자야 할 것이다.

"그래, 네가 보기에 예수라는 선지자가 정말 메시아인 것 같다는 거냐?"

요셉은 조카와 함께 바닥에 누운 채 조용히 물었다. 본래 여자들이 한 침상을 쓰고 아므람과 요셉이 또 다른 침상을, 그리고 요한과 말론이 바닥에서 자기로 했었지만 결국 포도주를 지나치게 많이 마신 아므람 때문에 약간의 변화를 겪었다.

술 취한 그를 수아와 말론이 데리고 갔고 마리아와 로데가 한 침상을 쓰고 어쩔 수 없이 요셉이 요한과 함께 바닥에서 자게 된 것이다. 등이 배겨서 한동안 뒤척이던 그는 일찍 잠들기는 글렀다 싶어서 아까 하던 이야기나 마저 해야겠다고 생각했다.

"예, 삼촌. 나사로뿐만 아니라 마을 사람들에게까지 자세히 물어봤어요. 혹시 나사로가 거짓말을 하는 것은 아닐까 싶어서 말이죠. 하지만 마을 사람들이 이구동성으로 정말 그가 죽었다가 다시 살아났다는 거예요. 세상에 그 누가 죽었던 사람을 다시 살릴 수 있겠어요? 하나님이 보내신 사람이 아니면 불가능한 일이잖아요?"

"글쎄, 네 말이 맞겠지. 하지만 말이다. 난 네가 조금만 더 신중하게 생각하면 좋겠구나. 예수라는 분을 직접 만나본 후에 그분을 메시아로 따를지 아닐지를 결정하는 것이 좋지 않겠니?"

"아까 제가 한 말 때문에 그러시는군요. 제가 그분의 제자가 되고 싶다고 한 것은 갑작스러운 충동으로 이야기한 것이 아니에요. 그 선지자의 소문이 유대 전역에 퍼져나가고 있어요. 수많은 사람이 그분에게 모여들고 있고요.

그분의 이야기를 전해 들을 때마다 저도 메시아 운동에 참여하고 싶은 마음이 간절했지만 참고 또 참았어요. 워낙 가짜 메시아가 많으니까요.

그런데 이분은 진짜예요.

나사로를 만나보니 확실히 알겠어요. 삼촌도 메시아를 기다려왔잖아요? 그런데 진짜 메시아가 나타났는데 가만히 있을 수 없잖아요?

그러면 안 되잖아요?”

“목소리 좀 낮춰라.

다른 사람들을 다 깨우겠구나.”

요셉은 방에 있는 마리아가 요한의 말을 듣고 상심할까 두려웠다. 남편을 잃은 누이에게 이 아이가 인생의 전부라는 것을 잘 알기 때문이었다.

그동안 '내가 메시아다!'라고 주장하는 자들이 얼마나 많았던가. 지난 수십 년 동안 사람들이 자기들의 메시아를 따라 헤롯의 통치를 거부하고 로마에 대항하는 반란을 일으켰다가 떼죽음을 당하는 일이 수차례 반복됐다.

그런데 외아들인 요한이 그 위험한 메시아운동에 앞장서다가 로마군에게 덜컥 죽기라도 한다면 마리아도 더는 산목숨이 아닐 것이었다.

“너도 알다시피 나야말로 평생 경건하게 살기 위해 노력한 사람이다. 예루살렘도 아니고 이방인들의 땅 키프로스에서 토라(성경)의 율법을 따라 산다는 것은 온갖 노력을 다해야 가능한 일이다.

그러니 나만큼 메시아가 오시기를 기다리는 사람도 없을 거다. 나도 메시아가 오셔서 하나님의 선택받은 백성들만의 나라를 만들어 주실 날을 손꼽아 기다리고 있단다."

요셉이 차분하게 말하자 요한도 마음을 가라앉히고 진지하게 들었다. 아버지 없이 자란 그에게 요셉은 삼촌이지만 또한 아버지 같은 존재이기도 했다.

요셉이 전해주는 인생의 경륜은 그가 어머니로부터 받는 따스한 사랑과는 다른 어떤 것이었다. 그는 그것을 세상에서 남자로 사는 법, 또는 마음이 어른스러워지는 법이라고 생각했다.

"그러나 메시아가 오셔서 유대인의 왕국을 재건한다는 예언이 전해진 지 수백 년이 지났다는 것도 기억해야만 한다. 그동안 가짜 메시아를 따랐다가 비참하게 죽은 사람들이 한둘이 아니다. 물론 나도 메시아의 날에 죽은 자들이 부활하게 되리라는 것을 믿지만, 그래도 죽어서 기다리는 것보다는 살아서 그날을 맞이하는 것이 더 낫지 않겠니?"

"그럼 삼촌은 예수라는 분이 메시아가 아니라고 생각하는 건가요?"

"그런 뜻이 아니다. 나도 예수가 진짜 메시아였으면 좋겠구나. 하지만 그렇다고 해도 굳이 네가 그분의 제자가 되어 목숨까지 걸고 싸울 필요는 없다고 본다. 그보다는 그분이 많은 사람을 모아서 로마와 이방인들을 몰아내고 유대인의 왕국을 세울 수 있도록 뒤에서 돕는 일을 하는 것이 어떻겠니?"

"그건 좀 비겁하지 않나요?"

"비겁? 때로는 뒤에서 돕는 것이 앞에서 칼을 들고 싸우는 것보다 더 중요한 일일 수도 있단다.

나도 예수와 그의 무리에 관해 들은 것이 있다. 대부분이 갈릴리의 가난한 사람들이라 하더구나.

그들이 반란을 일으켜서 전쟁을 시작하려면 당장 무기도 필요하고, 식량도 필요하게 될 거다. 하지만 가난한 그들이 어떻게 무기와 갑옷을 준비할 수 있겠느냐? 결국, 우리 같이 돈 있는 누군가가 은밀하게 후원해야만 일이 성사될 수 있다."

이쯤에서 요셉은 집안의 기둥이 되어야 할 조카에게 책임감이 무엇인지를 가르쳐 주어야겠다는 생각이 들었다. 아니 조카가 이만큼 장성했으니 오히려 늦은 감도 있었지만, 아직 무모한 선택을 하기 전이니, 지금이라도 뭔가를 할 수 있어서 다행이었다.

요셉은 자리에서 일어나 앉았다.

"요한, 일어나 앉아라!"

낮고 조용한 소리였지만 뭔가 거부할 수 없는 힘이 담긴 목소리였다. 요한은 뭔가 의아함을 느꼈지만, 순순히 일어나서 자세를 단정히 했다.

요셉은 요한의 머리에 오른손을 얹었다.

"내가 너를 나의 유일한 상속자로 삼았음을 우리 조상 아브라함의 하나님 이름으로 맹세하노니 내가 죽으면 너는 내 이름으로 된 모든 것을 이어받게 될 것이다.

키프로스의 저택과 포도원뿐만 아니라 여기 유대에 있는 밭과 과수원까지 모두 너의 것이다."

"삼촌, 갑자기 이러시면 어떻게 합니까? 저는 삼촌의 상속자가 되려는 생각이 조금도 없었습니다."

"그래, 네가 사심 없이 나를 따르고 좋아한다는 것을 안다. 그리고 네가 죽은 네 아버지로부터 물려받은 재산도 결코 적지 않다는 것도 안다. 나는 거기에다가 내가 가진 모든 것을 너에게 맡기려고 한다. 너는 부모와 나로부터 물려받는 모든 것을 소중히 지키고 발전시켜나가야만 한다. 그것은 너의 것이지만 사실은 자손에게 물려주어야 할 가문의 기업이라는 것을 명심해라.

어떠냐? 너는 가문의 상속자로서 네가 물려받는 모든 것에 대해 책임을 지고 지켜나갈 것을 맹세하느냐?"

남의 집 바닥에서 잠들기를 기다리다 주고받는 대화치고는 너무도 엄숙한 말들이었다.

요한은 그의 머리에 얹혀있는 삼촌의 손이 거대한 바위처럼 무겁게 느껴졌다.

하지만 반드시 대답해야 했다.

"예. 우리 조상의 하나님 이름으로 맹세합니다."

"이제 너는 가문의 상속자로서 매사에 처신을 조심해야 한다. 무슨 일을 하든지 즉흥적으로 하지 말고 몇 번씩 생각하고 또 생각해서 결정해야 한다. 알겠느냐?"

"예, 삼촌."

요셉은 얼굴 가득 만족스러운 웃음을 지으며 조카의 머리에서 손을 내렸다. 대신 이번에는 두 팔을 활짝 벌려서 조카를 껴안고 등을 두드리며 양 볼에 입을 맞추었다. 요한도 어색함을 참고 삼촌을 안았다. 하지만 얼떨떨한 가운데서도 뭔가 뿌듯하고 기쁜 마음이 솟아나고 있었다. 그것은 아버지로부터 처음으로 어른 대접을 받은 아이가 느끼는 것과 비슷한 기쁨이었다.

3장
나귀들의 이야기

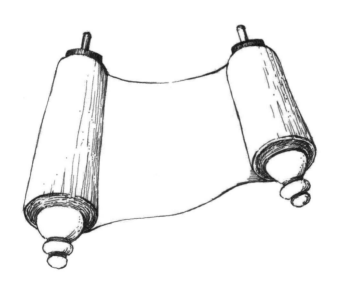

노아와 베렉은 다정하게 벽 쪽에 붙어서 소곤거렸고 마길은 푸르렁푸르렁, 쌕쌕, 야트막한 숨소리로 코를 골며 잠들어 있었다.

연로한 마길이 편히 쉴 수 있도록 마구간의 한가운데 자리를 넓게 비켜준 것까지는 좋았다. 하지만 덕분에 잇도는 마구간 밖으로 밀려 나갈 지경이었다. 몸통까지는 어찌어찌 마구간에 들여놓고 있었으나 엉덩이가 밖으로 삐져나가는 것은 어쩔 수가 없었다. 그 엉덩이를 차가운 밤바람이 쓰다듬고 지나가는 것이 영 기분이 나빴다.

그는 차라리 한뎃잠을 자는 것이 속 편하겠다는

생각에 마당으로 물러 나왔다.

　밤하늘 가득 펼쳐진 별들을 보며 처량해진 그는 혹시나 하는 마음으로 양우리를 힐끔거렸다. 그러다 아직 잠들지 않은 어떤 양의 멀뚱거리는 눈과 마주치자 황급히 고개를 돌렸다.

　"어휴."

　그의 한숨 소리가 작게 마당을 울렸다. 고즈넉한 가운데 집안에서 두런두런 나누는 이야기 소리가 마당까지 들려왔다. 요셉이 누군가와 이야기를 나누는 소리였다. 아마도 그의 주인도 쉽게 잠들지 못하는 밤이었나 보다.

　"잇도 아저씨!"

　갑자기 베렉이 마구간에서 고개만 내민 채 그를 불렀다.

　"왜?"

　"할아버지가 아저씨보고 그만 들어오시래요."

　"어? 영감님이 깨셨냐?"

　잇도는 다행이라는 표정을 고스란히 드러낸 채 마

구간으로 어슬렁어슬렁 걸어 들어갔다.

좁은 공간에 나귀 네 마리가 함께 있으려면 다들 조금씩 불편함을 참아내야만 했다. 대신 몸을 부대낀 만큼 마음도 가까워지는 법이라서 밤이 깊어가는 만큼 그들의 이야기도 깊어졌다.

초저녁부터 잘 자고 일어나 체력을 회복한 마길의 적절한 조언이 젊은 나귀들에게 큰 도움을 주었다.

특히 베렉은 조용히 들으면서도 어른들의 대화를 통해 많은 것들을 배울 수 있었다.

"이젠 베렉의 이야기를 들어볼까?"

갑작스러운 마길의 제안에 베렉은 깜짝 놀라서 노아를 쳐다보았다.

노아는 부드러운 미소를 지으며 고개를 살짝 끄덕여줌으로써 어린 아들을 격려하였다.

"어, 저는 제가 나귀인 게 싫어요."

어린 나귀의 첫마디에 모두의 눈이 휘둥그레졌다.

"네가 나귀인 게 싫다니, 그 이유를 설명해 줄 수 있겠니?"

"뭐라고 말해야 할지 잘 모르겠어요. 나귀들이 싫은 게 아니에요. 할아버지도, 엄마도, 여기 잇도 아저씨도 다 좋은 나귀들이잖아요.

돌아가신 아빠도 틀림없이 좋은 나귀였을 거라고 믿어요. 하지만 나귀로 산다는 것은 싫어요."

잇도는 무슨 말을 하려는 것인지 짐작이 된다는 듯 고개를 끄덕였다. 예전에 자유롭게 여행하는 나귀가 되고 싶다던 대화가 생각났다.

"네 생각에는 나귀가 어떻게 사는 것 같으냐?"

"주인은 엄마를 타고 다니면서도 고맙다고 하지 않아요. 대신 빨리 못 간다고 회초리로 때리죠."

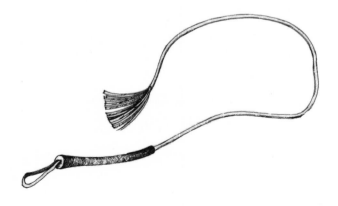

베렉이 시무룩하게 탁 뱉는 소리에 노아의 눈에 눈물이 맺혔다. 아이가 엄마를 생각하는 마음에 감동되기도 했고, 아직 천진한 즐거움에 더 머물러도 좋으련만 벌써 고통스러운 현실을 깨닫게 된 것이 안쓰럽기도 했다. 잇도가 끼어들었다.

"모든 주인이 다 그런 것은 아니야. 마리아나 요셉 같은 좋은 분들도 계시잖아."

"저도 그렇게 생각했어요. '나도 좋은 주인을 만나면 좋겠다.'라고 말이죠. 하지만 아니었어요. 마길 할아버지는 혼자 걷기도 힘드시잖아요. 그런데도 마리아는 억지로 할아버지를 타고 왔어요. 그러다 할아버지가 다치거나 돌아가시면 어떻게 해요?"

"허허허. 베렉이 내 걱정까지 해주다니 정말 고맙구나."

마길이 소탈하게 웃었다. 하지만 어린 나귀의 말은 그들 모두의 마음을 무겁게 했다. 잠시 침묵이 무겁게 마구간을 내리눌렀다.

"야, 그게 다 거래야. 주인을 두는 것이 우리에게

도 이익이라고. 사람들이 우리를 부려먹긴 하지만 대신 우리를 돌보기도 하잖아. 그래서 사람들과 함께 사는 집나귀가 야생 들나귀보다 훨씬 오래 살거든. 주인이 요구하면 따라줘. 대신 잠잘 곳과 먹고 마실 것을 달라고 해. 사자나 늑대로부터 지켜달라고도 하고."

"조용히 해요.

아이에게 아무 말이나 막 하지 말고요."

노아가 발끈하자 잇도는 다시 고개를 푹 수그렸다. 암나귀에게는 항상 지고 들어가는 그였다.

"허허허. 우리가 사람과 대화를 못 하는 데 거래는 무슨 거래? 하긴 예전에 사람 말을 했던 나귀가 있었지만 말이야."

"사람 말을 하는 나귀요?

정말 그런 나귀가 있었어요?"

마길은 아이다운 호기심으로 반짝이는 베렉의 눈을 보며 속으로 빙긋 웃었다. 때로는 심각한 고민에 같이 빠져드는 것보다는 이렇게 새로운 이야기로 바꿔주는 것이 더 도움 될 때도 있는 법이다.

"물론이다. 세상에 나귀가 이렇게나 많은데 그중
에 사람 말하는 나귀 하나 없으려고? 내가 만난 놈
은 이집트 사람 말을 하던데?"

"그 나귀가 뭐라고 했는데요?"

"나야 모르지.

난 이집트 말을 모르거든. 하하하."

"잇도, 아이에게 허튼소리 그만해라."

또 끼어들어 농을 하는 잇도를 보며 마길은 고개
를 설레설레 저었다. 그리고는 잇도가 실없는 소리
를 더 하기 전에 얼른 사람 말을 했던 나귀의 이야
기를 시작했다.

"하나님은 사람과 나귀 사이에 말이 통하지 않게
하셨단다. 어쩌면 세상의 처음부터 그랬던 것은 아
닐지도 몰라. 하지만 오랜 세월 동안 사람과 나귀는
대화하지 않은 채 살아왔어. 가끔은 말하지 않아도
마음이 통할 때가 있지만, 사람과 나귀가 그런 사이
가 된다는 것은 매우 드문 일이지."

잇도가 빙그레 웃었다. 요셉과 그는 바로 매우 드문 그런 사이였기 때문이었다. 그러나 마길은 잇도의 미소를 오해했다.

"무슨 말을 하려고 혼자 실실거리는지 모르겠다만 아무 소리도 듣고 싶지 않으니까 조용히 해라."

잇도는 억울한 마음에 표정이 일그러졌다. 하지만 째려보는 노아와 눈이 마주치자 치켜 올라갔던 모든 안면근육이 바닥으로 축 처졌다. 마길은 '저놈이 언제 철드려나'하는 표정으로 혀를 끌끌 차고는 하던 말을 계속 이어갔다.

"나귀들에게 전해 내려오는 이야기 중에 분명 사람 말을 했던 나귀에 관한 이야기도 있단다. 하눈이라는 암나귀였는데 옛 어른들은 그녀를 '위대한 하눈'이라고 불렀어. 왜냐하면, 하눈은 천사를 눈으로 본 나귀이고 하나님의 계시를 받아서 주인에게 전하기도 했던 예언자 나귀였으니까."

"나귀가 예언자라고요? 정말 위대하네요! 그런 대단한 나귀의 주인도 굉장히 훌륭한 사람이었을 것 같아요."

"글쎄다. 우리 나귀들에게는 그 주인의 이름이 전해지지 않는단다. 대신 그가 '차캄(지혜자)'이라고 알려졌기는 하지. 차캄은 하나님의 뜻을 깨닫고 전해주는 일을 하는 사람들이란다."

"우와, 대단해요. 주인과 나귀가 둘 다 하나님의 예언자라니!"

"그렇게 흥분할만한 일은 아니다. 하눈의 주인이 었던 그 이름 모를 지혜자는 사실 굉장히 어리석은 사람이었거든."

"흥, 잇도의 주인처럼 잘 속는 바보였나 보죠?"

"이거 좀 심한 것 아냐? 거기서 왜 우리 주인 이 야기가 나와?"

"제발 조용히 좀 해 주세요. 이야기가 자꾸 끊기 잖아요! 할아버지, 계속해 주세요."

"크험!"

마길은 큰기침을 한 번 하고는 이야기를 계속 이 어갔다.

"그 차캄의 어리석음은 바나바 요셉이 착한 마음 때문에 잘 속는 것과는 다르다. 하나님께서는 착한 요셉을 칭찬하시겠지만 차캄의 어리석음에는 무섭 게 화를 내셨으니까. 그러니까 보자, 아직 이 땅에 이스라엘 사람들이 들어와 살지 못하고 있을 때였다. 그때 이스라엘 사람들은 모세라는 사람을 따라 이곳으로 오고 있었지. 그들이 이집트를 빠져나올 때 우리 나귀들도 같이 나왔기 때문에 그때 이야기는 다들 잘 알고 있으리라 믿는다."

"예, 알아요.

그 이야기는 엄마가 자주 해 주셨어요."

"그래. 자비하신 하나님께서는 거친 광야에서 안식일을 지키라고 명령하실 때 우리 모든 나귀도 그 안식일에 초청하셨단다. 하나님의 샬롬(평화, 안식) 안에서는 사람과 나귀 사이에 어떠한 차별도 없이 모두 평등하다는 것을 절대 잊지 말아라."

베렉이 힘차게 고개를 끄덕이는 것을 보며 흐뭇한 미소를 짓던 마길이 하던 이야기를 계속했다.

"이스라엘 사람들이 이 땅으로 가까이 다가오자 본래 여기 살던 사람들이 겁을 내기 시작했지. 우리 나귀들이야 출신이 달라도 잘 섞여 살지만, 사람들은 그렇지 않거든. 그래서 여기 원주민들의 왕이 하눈의 주인을 불렀어. 그의 신통력을 사용해서 이스라엘 사람들이 망하도록 저주를 해달라고 말이야."

"그런 저주가 정말 임해요?"

"그럴 리가 없지. 내가 알던 어떤 못된 주인은 자기 나귀에게 항상 '다리나 부러져라'라는 저주를 퍼붓곤 했는데 그 나귀는 절대 다리가 부러진 적이 없거든. 그 주인이 나귀에서 떨어져서 자기 다리를 부러뜨린 적은 있어도 말이야."

"잇도 말이 맞다. 저주의 말은 받아들이지 않으면 아무런 힘이 없다. 혹시 네 주인인 아므람이 어떤 나쁜 말을 하더라도 마음으로는 받아들이지 말거라. 우리 모든 나귀의 진짜 주인은 하나님이시라는 것을 잊지 말아라."

"그럼 그 차캄은 하나님을 믿는 사람이니까 저주하는 일에 가지 않았겠네요?"

"아니, 그는 갔단다. 그래서 어리석은 사람이라는 거지. 하눈은 자기 주인에게 순종하는 착한 나귀였어. 그래서 주인이 먼 길을 가고자 그녀를 타고 출발했을 때만 해도 뚜벅뚜벅 잘 걸어갔단다.

그런데 그녀가 마을을 다 벗어나기도 전에 하나님의 천사가 길을 막고 서 있는 것을 보았어. 그 천사는 손에 거대한 칼을 들고 있었지.

　　그때 하눈은 깨달았어. 하나님께서 자기 주인이 하려는 일을 원하지 않으신다는 것을 말이야. 그래서 하눈은 자기 주인을 살리고자 길에서 벗어나 밭으로도 들어가고 포도원 담장에도 몸을 비비면서 어떻게든 되돌아가려고 애를 썼지. 그런데 그 어리석은 주인은 자기 나귀를 마구 때리면서 길로 돌아갈 것을 명령했단다."

　　"그 사람은 차캄이라면서요? 그런데 왜 나귀도 보는 천사를 보지 못하는 거죠?"

　　"사람들 마음에는 욕심이라는 것이 있단다. 그 욕심을 잘 다스려야 하는데 그러지 못하면 욕심이 오히려 사람을 다스리려고 들지. 욕심이 제일 먼저 장악하는 것이 바로 눈이다. 욕심에 장악당한 눈은 세상을 있는 그대로 보지 못하고 욕심이 보여주는 대로만 보게 된단다.

그 차캄도 그랬다. 원주민의 왕이 많은 돈과 명예를 준다고 하니까 욕심이 생겼지. 그래서 하나님이 싫어하시는 것을 알면서도 길을 나선 것이지.

그때 이미 그의 '지혜의 눈'은 빛을 잃고 어둠에 잠겨 버린 것이다."

"하눈이라는 나귀만 불쌍하군요. 충성스런 나귀인데 못된 주인에게 매를 맞다니요."

눈물이 글썽글썽한 노아가 중얼거렸다. 성실하게 일했건만 주인에게 매를 맞고 병들어 죽은 남편 심마가 생각났기 때문이었다. 베렉이 그녀에게 다가가서 볼을 맞대고 비볐다. 엄마가 슬퍼하면 항상 하는 베렉 만의 위로였다.

"그런데 그때 놀라운 일이 벌어졌단다. 하나님께서 위대한 암나귀 하눈의 입을 열어서 사람의 말을 하게 하신 거야. 하눈은 거룩한 하나님의 계시를 받아서 자기 주인에게 예언했지.

'주인이여 당신은 저 하나님의 백성을 저주하지 못하리라. 당신은 저들을 통해 준비된 하나님의 아들이 오시는 날 이 땅에 세워질 거룩한 나라를 보지 못하리라. 그 나라에 사람과 나귀와 모든 생명이 깃들여 벌이는 아름다운 잔치를 맛보지 못하리라.'

그러자 머리끝까지 화가 난 그 주인이 자기의 나귀를 죽여 버리려고 했단다."

"아, 어떻게 해요?

위대한 하눈이 그렇게 죽으면 안 되잖아요?"

"물론이지. 그때 하나님께서 욕심에 어두워진 그 주인의 눈을 열어 주셨다. 그때야 비로소 칼을 들고 선 천사를 발견한 그는 천사 앞에 무릎을 꿇고 용서를 빌었지."

"그럼 거기서 그냥 집으로 돌아갔겠군요.

영감님, 이야기가 좀 심심하게 끝났네요?"

얄밉게 또 끼어드는 잇도에게 모두 할 말을 잃었다. 잠시 침묵 후에 겨우 마길이 다시 입을 열었다.

"사람들이 품고 있는 욕심은 그렇게 만만한 것이 아니다. 그놈은 한 번 깨어나면 절대로 쉽게 없어지지 않는다. 그놈은 스스로 살아있는 넝쿨나무처럼 무럭무럭 자라서 주인의 숨통을 죄일 때까지 성장을 멈추지 않는 괴물이란다.

그 차캄도 결국 원주민의 왕을 만나러 갔단다. 그리고 왕이 차려주는 근사한 대접을 받으며 즐겼지. 그는 왕에게 멋진 제단을 만들고 귀한 제물을 많이 바치게 했단다. 그렇게 하면 하나님을 설득할 수 있다고 생각했던 거야."

"어머, 정말 어리석네요. 우리 평범한 나귀들도 하나님을 속일 수 있다고는 전혀 생각하지 않는데 말이죠.

"하나님께서는 사람들이 드리는 제물이나 주술 또는 저주 따위에 끌려다니는 분이 아니시지.

결국, 어리석은 차캄은 이스라엘 백성들이 이 땅으로 밀려들어 올 때 제일 먼저 잡혀 죽는 일을 당하고 말았단다."

"그럼 그 예언자 나귀는 어떻게 됐어요?"

"위대한 하눈이 어떻게 됐는지는 아무도 모른단다. 나귀들에게 전해오는 말로는 이스라엘 백성들이 이 땅에 들어올 때 함께 여기에 들어와서 살았다는 이야기가 있다. 어떤 나귀는 삼손이라는 사람이 천명의 적을 물리칠 때 무기로 사용했던 나귀 턱뼈가 바로 하눈의 턱뼈였다고 하는데 그건 별로 믿을만한 이야기는 아닌 것 같구나."

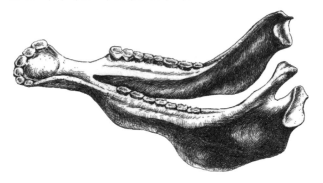

"정말 재미있어요.

할아버지, 이야기를 들려주셔서 고맙습니다."

어느새 밝아진 베렉을 보면서 다른 어른 나귀들도 덩달아 기뻤다.

그때 잇도가 또 한 마디 끼어들었다.

"야, 꼬마 베렉.

아직도 나귀로 산다는 것이 싫으냐?"

"어? 사람 말을 하는 나귀 이야기가 너무 재미있어서 잠깐 그 생각을 잊었네요. 역시 못된 주인에게 학대당하면서 사는 것이 나귀의 삶이라면 저는 그런 생활은 절대 하고 싶지 않아요."

다시 시무룩해지는 베렉을 보면서 마길과 노아가 서로를 바라보며 혀를 찼다.

'기껏 분위기를 바꿔 놨더니 초를 치냐 이놈아!' 마길이 속으로 삭인 말이 실제 소리로 튀어나왔더라면 아마도 잇도는 마른하늘에 날벼락이 무엇인지 체험할 수 있었을 것이다.

"으허험. 기왕 예언자 이야기가 나왔으니 말이다. 내가 사람과 나귀들에게 다 같이 전해 내려오는 예언에 관해 이야기를 해주마. 아니지. 이 예언은 생명의 주인이 하나님이심을 인정하는 생명체라면 다들 알고 있는 예언이니라."

"그거 재미있겠는데요? 베렉, 할아버지가 새로운 이야기를 해주신다니 잘 들어보렴."

"밤이 늦었는데 또 이야기를 해요?

영감님이야 초저녁에 자고 일어났으니 피곤한 줄 모르시겠지만 저는 슬슬 졸린대요?"

"조용히 해라!"

"가만히 있어요!"

마길과 노아가 잇도를 보며 빽 소리를 질렀다.

베렉은 이야기보다도 이 상황이 더 재미있는 것 같아 하하 웃었다.

"짧게 이야기하마.

사람들 사이에 스가랴의 예언이라고 알려졌나 본데 그 예언에는 나귀도 등장하고 있어서 우리에게도 아주 잘 알려진 예언이란다."

"도성 시온아, 크게 기뻐하여라. 도성 예루살렘아, 환성을 올려라. 네 왕이 네게로 오신다. 그는 공의로우신 왕, 구원을 베푸시는 왕이시다. 그는 온순하셔서, 나귀 곧 나귀 새끼인 어린 나귀를 타고 오신다."

마길이 시를 낭송하듯이, 노래를 부르듯이 예언을 읊조리자 목동의 피리 소리처럼 가냘프게 떨리는 음색이 공중을 휘돌아 둘러앉은 나귀들의 마음에 부드럽게 내려앉았다.

"구원의 왕이요? 그분이 누구신데요?"

"그분은 세상의 가짜 주인들을 다 쫓아내실 분이시란다. 그리고 그분은 우리 모두를 참 주인에게 인도하시는 분이시지."

"아, 하나님에게로 말이죠?"

"그래. 사람과 나귀 모두의 참 주인은 하나님 한 분밖에 안 계시지. 구원의 왕은 하나님에게서 오신 하나님의 아들이시다."

"그분이 빨리 오시면 좋겠어요. 그러면 지금이라도 엄마가 아므람 같은 나쁜 주인에게서 벗어날 수 있을 테니까요."

"그분이 오시면 모든 나귀가 거짓 주인으로부터 해방되어 참 주인에게로 돌아가겠지.

사람들도 마찬가지다. 아므람도, 요셉도, 마리아도 또 그 집의 종인 로데도 모두 해방되어 참 주인에게로 돌아가게 될 것이다."

"요셉 주인님이나 아므람 주인님도 해방되어야 한다고요?

그들은 우리 같은 나귀들이 아니잖아요?"

"사람들이라도 나귀보다 더 자유로운 것은 아니란다. 그들도 수많은 가짜 주인들에게 시달리며 살고 있거든."

잇도가 끼어들었다.

"맞아. 내가 그런 모습은 군대에서 아주 많이 봤어. 짐나귀 위에 몰이꾼, 몰이꾼 위에 로마병, 로마병 위에 장군, 장군 위에 황제, 이런 식으로 모두 주인에게 매여서 살고 있단다."

"그럼 황제 위에는요?"

"어? 황제 위에는 뭐가 있지? 그것까지는 생각 못해봤네?"

"잇도의 말도 맞다.

사람들은 우리와 달리 복잡한 주인과 종의 관계로 얽혀서 살고 있어. 그리고 그런 관계에서 자유롭다고 해도 여전히 그들은 마음속의 욕심에 매여서

종으로 살고 있단다. 이런 것까지 생각하면 황제라
도 예외가 아니지."

"예언자 하눈의 주인이었던 그 사람처럼요?"

"맞다. 그는 하나님에 관한 지식을 가진 지혜자
였음에도 불구하고 자기 욕심과 주술의 종이었다고
할 수 있지."

노아도 한마디 거들었다.

"아므람은 돈의 노예예요. 그는 더 많은 돈을 모
으려고 끊임없이 이웃들을 속이고 심지어는 형제와
도 같은 요셉까지도 속이죠."

베렉도 한마디 했다.

"포도주의 종이기도 하죠. 엄마, 저는 주인님이
술을 먹지 않은 날을 본 적이 없어요."

"그래. 그러고 보니 사람들도 불쌍한 생활을 하는 것 같구나."

잇도가 또 끼어들었다.

"그래도 우리 요셉 주인님 같은 사람은 좀 다르지 않나? 그는 꽤 부자거든."

마길이 그의 말을 받았다.

"난 마리아와 요셉의 집안을 잘 알지. 내가 어릴 때부터 지금까지 평생을 그 집에서 살았으니까 말이야. 너희가 보기에 그들은 부자여서 좀 더 편안하고 자유로운 삶을 사는 것 같겠지만, 사실은 그렇지도 않다. 재산이 아무리 많아도 끊임없이 노력하지 않으면 지켜낼 수가 없지. 그리고 지킬 것이 많은 사람은 그 곁을 벗어나지 못하고 평생을 그 자리에서 맴돈단다."

"어딘가에 매여서 산다는 것은 사람들이나 우리 나귀들이나 비슷하네요."

"맞다. 그래서 사람들이나 우리나 모두 구원의 왕이 오시기를 기다리는 것이란다. 네가 나귀가 아

니라 다른 그 무엇이 된다고 해도, 심지어 네가 아
브람이나 요셉 같은 사람이 된다고 해도 가짜 주인
들에게서 벗어나 참 주인이신 하나님께로 가지 못
한다면 여전히 너는 불만족스런 종의 삶을 살고 있
을 거다."

베렉은 지금 들은 말의 의미를 조용히 되새겨보았
다.

"어차피 다 비참한 현실뿐이라면 제가 나귀로 지
내던, 나귀가 아니던 무슨 상관이겠어요? 휴, 이젠
산다는 것 자체가 힘든 일인 것 같아요."

"무슨 결론이 그래? 꼬마 철학자 나귀가 여기 있
었군. 그냥 살아. 힘든 날이 있으면 좋은 날도 있는
법이다. 오늘 하루는 견디고 내일 하루는 즐기라고.
그러다 보면 시간이 가고 때가 되면 죽겠지.

그런 게 바로 인생(人生)이고 여생(驢生-나귀의
일생)이라는 거다. 크크크."

"제발 조용히 해요.

그게 아이에게 할 소리냐고요?"

잇도와 노아가 티격태격하는 소리를 듣고 있던 마길이 다시 입을 열었다.

"네 말처럼 우리가 나귀로 살던, 사람이 되던 세상의 고통으로부터 자유로울 수는 없겠지. 하지만 하나님이 구원의 왕을 보내서 세상을 새롭게 하시는 날 사람들도, 우리 나귀들도 새로운 세상을 살게 될 거라는 예언을 믿어라. 세상을 단지 참고 사는 것보다는 믿음을 갖고 희망을 품고 사는 것이 더 낫지 않겠니?"

"도대체 새 세상을 만드실 분이 언제 오신다는 거죠? 우리가 어떻게 그분을 알아볼 수 있죠?"

"그분이 언제 오실지 아는 나귀는 없다. 예언자 하눈도 몰랐을 거야. 알았다면 말했겠지. 하지만 그분이 오시면 알아볼 수는 있다. 스가랴의 예언에 의하면 그분이 예루살렘성에 들어가시는 날 어린 나귀를 탈 것이기 때문이야."

"왜 하필 어린 나귀죠?"

"그건 나도 잘 모르겠다. 우리 나귀들이 주인에

게 잘 순종하기 때문이 아닐까?"

아까 먹어 두었던 밀짚을 올려 되새김질을 하던 잇도가 끼어들었다.

"쩝쩝, 에이 영감님. 그건 아닐 거예요. 말 안 듣는 나귀도 얼마나 많은데요? 쩝쩝."

"흥, 다른 나귀들이 다 당신 같은 건 아니에요. 그리고 제발 되새김질하면서 말하지 말아요. 베렉이 보고 따라 한단 말이에요."

"아까는 졸린다더니 되새김질할 만큼 잠이 깬 모양이구나. 내가 이야기 하나를 더 해줄까?"

"아이고 영감님. 이러다가 우리 밤새우는 것 아니에요? 쩝쩝."

"해 주세요. 할아버지. 저는 졸리지 않아요."

마길은 잠시 숨을 고르더니, 다시 이야기를 시작했다.

"예전에 한 나귀가 등에 나뭇단을 매고 산을 오르고 있었단다. 그 옆에는 나이가 아주 많은 주인이 어린 아들과 함께 가고 있었지."

"어? 어디선가 많이 들어 본 이야기인데? 영감님. 그거 아브라함 이야기 아니에요?"

"맞다, 잇도. 이스라엘 사람들의 조상인 아브라함 이야기란다."

"저도 그 사람 알아요. 100세에 아들을 낳았던 사람이죠?"

"그래. 베렉이 똑똑하구나. 우리 나귀들로는 꿈도 꾸지 못할 나이에 자식을 본 사람이지. 사람으로서도 매우 늙은 나이지만 하나님의 은혜로 자녀를 낳을 수 있었다."

"그래서요?"

"하나님께서 아브라함에게 100세에 낳아서 잘 키우고 있는 아들을 데리고 높은 산에 올라가서 그 아들을 제물로 삼아 제사를 드리라고 했단다."

"예? 그 아이는 하나님이 주셨다면서요?"

"그래. 그래서 더욱더 이해할 수 없는 명령이었지. 그런데도 아브라함은 어린 아들과 함께 제단 불을 피울 나뭇단을 가득 실은 나귀를 데리고 하나님이 명령하신 산으로 올라갔지."

"아브라함이란 분은 주인 말을 잘 듣는 착한 나귀 같은 사람이었군요?"

"허허허. 그렇지. 아브라함과 함께 그 산을 오른 나귀의 이름은 '자카르'였다. 자카르는 여기 잇도처럼 몸집이 크고 힘도 센 나귀였어. 그리고 요령 피우고 놀기 좋아하는 것까지도 비슷했지."

"쩝쩝. 이거 왜 이래요? 일할 땐 일 하고 놀 땐 놀아야죠? 그게 뭐가 잘못이라고. 쩝쩝."

"말이나 못하면! 놀 땐 놀더라도 제발 말할 땐 쩝쩝거리지 말라고요!"

마길은 티격태격하는 잇도와 노아를 보면서 둘 사이가 많이 가까워진 것 같아 흐뭇한 미소를 지었다.

둘 다 외로운 시간을 많이 보냈으니 나이 차이가 좀 나더라도 함께 의지해서 살면 좋겠다는 생각이 들었다.

"할아버지, 그래서요?"

"어? 미안하구나. 내가 잠시 딴생각을 했단다.

어디까지 했더라?"

"자카르가 잇도 아저씨하고 닮았다고 하셨어요."

"아브라함은 자카르가 짊어졌던 장작을 아들에게 지웠단다. 그리고는 자카르가 더는 따라오지 못하게 했어. 하지만 주인이 너무 늦어지자 기다리기 지루했던 자카르는 그들이 간 길을 따라 산꼭대기까지 올라갔다.

그리고 그곳에서 무시무시한 광경을 보았지. 아버지가 칼을 빼 들어서 아들의 심장에 꽂으려는 장면을 말이다.

그 순간은 너무나도 슬픈 장면이기도 했단다. 머리가 하얗게 센 노인이 부들부들 떨리는 손으로 칼을 움켜잡고 다른 손으로는 가만히 아들의 눈을 가리는데 착한 아들이 꼼짝도 하지 않고 가만히 있었거든.

그리고 아버지의 눈에서도, 가만히 누워 있는 아들의 눈에서도 눈물이 하염없이 흘러내리고 있었다. 너무 놀란 그는 그저 부릅뜬 두 눈으로 이 처참

한 장면을 지켜볼 수밖에 없었다."

모두 숨도 크게 쉬지 못하고 마길의 이야기를 들었다. 잇도의 쩝쩝대는 소리마저 들리지 않았다.

"그 순간은 시간이 멈춘 것만 같았다. 하지만 시간은 절대 멈추지 않았고 마침내 높이 쳐들었던 아브라함의 팔이, 그 손이, 그 손에 잡혀 있는 날카로운 칼이 아래로 내려오기 시작했다. 자카르는 자기도 모르게 '안 돼!'라고 소리를 질렀어.

그때 놀라운 일이 벌어졌단다.

사방천지를 가득 채우고 울려 퍼지는 천둥소리처럼 하나님의 소리가 들렸다. '아브라함아, 아브라함아. 그 아이에게 손을 대지 마라! 네가 너의 아들까지도 나에게 아끼지 아니하니, 네가 하나님 두려워하는 줄을 내가 이제 알았다.'

그때 자카르는 수풀에 뿔이 걸려 울고 있는 양을 보았다. 아브라함도 그것을 봤지. 그는 아들을 제단에서 내려오게 하고 그 양을 잡아서 아들과 함께 제사를 드렸다.

그러자 하나님의 음성이 또 들렸어. '네가 나에게 복종하였으니, 세상의 모든 민족이 네 자손의 덕을 입어서, 복을 받게 될 것이다!' 아브라함과 그의 어린 아들은 '아멘!' 하면서 바닥에 무릎을 꿇었단다."

마길은 다른 나귀들을 하나하나 돌아보면서 말을 이어갔다.

"자카르는 주인이 눈치채지 못하게 살금살금 그 자리를 빠져나왔지. 그리고는 주인이 기다리라고 한 곳으로 돌아가면서 자신이 목격한 장면에 대해 생각했다.

그러면서 드는 생각이 '여기에는 세 마리의 나귀가 있구나.'라는 것이었다.

주인의 아들을 불태울 나무라는 것도 모르고 희희낙락 나뭇단을 짊어지고 온 진짜 나귀 한 마리, 도저히 이해할 수 없는 명령이었지만 하나님의 명령이라는 것 하나 때문에 아들의 심장을 겨눈 칼을 높이 쳐들고 있는 늙은 나귀 한 마리, 그리고 늙은 아비가 노망난 것은 아닐까 의심할 수도 있으련만

두 손이 묶이고 제단에 뉘어져서 죽음을 맞이하는 마지막 순간까지 저항하지 않고 따르고 있는 어린 나귀 한 마리.

그리고는 깨달았다. 여기에 있는 세 마리의 나귀들은 모두 한 주인을 섬기는 나귀들이라는 사실을 말이다.

자기는 주인을 따랐고, 아이는 아버지를 따랐고, 아브라함만 하나님을 따랐지만 사실 이 모든 일을 꾸미고 이루신 분은 하나님이셨다는 것을 말이다."

마길은 따뜻한 시선으로 베렉을 바라보았다.

"베렉. 하나님은 누구도 이해할 수 없었던 일의 마지막을 기쁨으로 채워주셨다. 그것은 또 다른 약속으로 이어지고 있어. 바로 제단에 올려졌던 그 아이의 후손을 통해 세상 모든 민족이 복을 받으리라는 약속 말이다.

스가랴의 예언에 나오는 구원의 왕이 장작에 올려졌던 그 아이의 후손이란다. 어쩌면 그분이 이미 오셨는지도 모르지."

마길은 목이 말랐는지 침을 한 번 꿀꺽 삼키고는 말을 이어갔다.

"우리 나귀는 하나님이 우리의 참 주인이시라는 것을 결코 잊지 않는 동물이다.

우리가 지금 눈앞에 있는 주인에게 순종하는 것은 우리가 착해서도 아니고, 우리가 힘이 없어서도 아니다. 그것이 우리가 영원하신 하나님의 종들임을 증명하는 것이기 때문이란다.

우리 조상들은 사람을 태우고, 나무와 돌을 나르고, 농사에 동원되고, 심지어 전쟁터에까지 끌려다니면서도 우리의 작은 순종들이 모여 하나님의 뜻을 이루어간다고 믿었다.

베렉. 나귀로 산다는 것이 그렇게 나쁜 것만은 아니라는 것을 깨달았으면 좋겠구나."

"못된 주인 아므람이 저의 진짜 주인이 아니라는 말씀이죠?

저도 하나님이 저의 참 주인이시라고 생각해요."

"그리고 하나님께서 너의 작은 순종을 통해 세상

의 모든 사람과 나귀와 생명을 구원하는 일을 이루어 가신다는 것을 믿어라.

　너는 어린 나귀이지만 너만을 향한 하나님의 귀한 뜻이 있을 거다. 네가 언젠가 그것을 깨닫고 그 명령에 순종했으면 좋겠구나."

　마길이 말을 마쳤을 때는 아주 깊은 한밤중이었다. 하지만 말을 했던 마길도, 이야기를 들었던 잇도와 노아도 그리고 어린 베렉도 나눴던 이야기들을 생각하고 또 생각해 보느라 쉽게 잠들지 못했다.

　그들의 몸에 은가루처럼 쌓였던 별빛들이 이리저리 뒤채는 몸짓을 따라 후드득 쏟아져 내렸다.

4장
예루살렘으로 돌아가다

오늘도 요한은 로데가 둘둘 말고 있던 담요를 걷어내는 바람에 겨우 눈을 뜨고 일어나 앉았다. 잠 잘 때 자세가 안 좋았는지 목이 뻣뻣했다. 고개를 이리저리 돌려보는데 로데가 다시 성화를 부렸다.

"빨리 일어나세요. 다른 사람들은 예루살렘으로 돌아갈 준비를 다 마쳤단 말이에요."

요한은 로데를 따라 마당으로 나왔다. 그녀가 부어주는 물을 받아 세수를 마치고 수건으로 얼굴과 손을 닦았다. 마당에 매어 놓은 양들이 '매에' 울면서 그를 반겼다. 요셉이 아므람과 함께 양 방목지까지 가서 사온 유월절용 일 년 된 어린 양들이었다.

"빨리 안 들어오고 거기서 뭐 해요?"

언제 들어갔는지 조금 전까지만 해도 자기 옆에 있던 로데가 집안에서 고개만 내밀고 그를 불렀다.

요한은 멋쩍은 웃음을 쓰게 웃으며 목을 어루만졌다. 갑작스러운 로데의 부름에 고개만 돌려 쳐다보다가 뻣뻣한 목에 통증이 왔다.

농가주택에서 흔히 볼 수 있는 커다란 나무식탁에 사람들이 빙 둘러앉아서 그를 기다리고 있었다. 하지만 식탁에 차려져 있는 것은 1인분뿐이었다. 다른 사람들은 이미 식사를 마친 후였다.

"아므람 아저씨는요?"

그 자리에 유일하게 보이지 않는 사람이 누구인지 용케 알아낸 요한이 물었다. 정말 궁금하다기보다 자기를 쳐다보는 사람들의 시선이 무안해서 던진 말이었다.

"후. 그이는 아직 일어나지 않았단다. 어젯밤 포도주를 너무 마신 거지. 뭐."

"아, 예."

성안의 저택에서는 바닥에 다리를 뻗고 누운 채 푹신한 팔걸이에 의지해서 편안한 식사를 했겠지만 바쁘게 일하는 농사꾼들은 달랐다. 그도 이 식탁에 앉아 식사를 한 것이 여러 번이건만, 요한은 딱딱한 나무의자가 여전히 적응되지 않았다. 그래도 곧 집으로 돌아간다니 다행이었다.

　"오늘 저녁부터 안식일인데 음식준비를 못 했으니 큰일이구나."

　"그러게요. 요셉 아저씨가 좋아하실 만한 것들로 잔뜩 사 놨는데 손질도 못하고 그냥 왔어요."

　"지금 바로 돌아가서 준비해도 늦지 않을까?"

　"제가 에스텔 아주머니에게 부탁은 해 놨는데요. 그분은 이집트 출신이라 우리 입맛에 안 맞을 수도 있어요."

　"저런, 정말 큰일이구나. 우리가 얼른 가서 확인해야 하는데. 어쩌면 좋으냐?"

　요한은 마리아와 로데가 주고받는 대화를 들으면서 가시방석에 앉은 듯한 느낌이 들었다. 딱히 그를 비난하는 내용은 단 하나도 없었지만 정작 그에게 는 '이게 다 너 때문이다!'라고 들렸다.

그리고 그녀들의 걱정은 괜한 것이 아니라 정당한 것들이었다. 안식일에는 불도 피울 수 없으므로 음 식을 조리할 수 없었다. 그래서 안식일 식사를 위해 하루 전에 음식을 미리 준비해 두는 것이 가정주부 의 매우 중요한 의무였다. 주부가 이 의무를 소홀히 하면 이혼을 당해도 할 말이 없을 정도였다.

"저 다 먹었는데요. 인제 그만 집에 가죠?"

"어머, 더 먹지 않고?"

"아이, 또 음식을 남기셨네요?

도대체 음식 귀한 줄을 몰라!"

요한은 다시 한 번 쓰게 웃었다. 뻣뻣하게 경직된 목의 근육이 도대체 풀릴 기미가 보이지 않았다.

요한이 식사하는 동안 일어나 마당으로 나온 요셉 은 마구간으로 향했다.

누님이 타고 온 나귀가 영 부실한지라 자기 나귀 를 미리 준비시켜서 그녀를 태울 생각이었다. 아므람의 아들 말론이 그를 돕기 위해 따라왔다. 영리하고 싹싹한 말론은 농가에서 자라서 그런지 아직 어린데도 힘도 세고 일도 잘했다.

"도대체 간밤에 무슨 일이 있었는지 나귀들이 일어날 줄을 모르는구나."

"나귀들이 이렇게 바닥에 뒹굴며 자는 모습은 처음 봐요. 저놈은 아예 하늘을 향해 드러누웠네요. 하하하."

그놈은 바로 요셉의 나귀였다. 정말 보기 흉했을 뿐만 아니라 푸르릉푸르릉, 쩝쩝, 온갖 이상한 소리를 다 내면서 자고 있었다.

"허, 이놈들을 어떻게 한다?"

"제가 깨워 볼게요."

말론이 씩씩하게 마구간으로 들어갔다.

그리고는 마구간 입구에 비스듬히 세워져 있던 회초리를 찾아들었다. 그리고 그의 아버지가 그랬던 것처럼 곤히 잠들어 있는 나귀들의 몸뚱이를 사정없이 내려쳤다.

"일어나! 일어나라고! 이 게으름뱅이들아.

어서 일어나라. 해가 중천이다. 이놈들아."

그가 앳된 목소리로 외치면서 회초리를 이리저리 내리치자 철썩철썩 소리가 크게 울렸다. 자다가 날벼락을 맞은 나귀들이 여기저기서 벌떡벌떡 몸을 일으켰다. 아직 어린 나귀가 회초리에 맞아 쩔쩔매면서 어미 뒤로 숨는 모습이 꽤 안쓰러웠다. 나귀들이 모두 일어서자 말론은 요셉을 돌아보며 자랑스럽게 씩 웃었다. 그러나 요셉은 뭐가 마음에 안 드는지 눈살을 찌푸리며 서 있었다. 아이는 어깨를 한 번 으쓱해 보이고는 회초리를 다시 마구간 입구에 던져 놓았다.

"나귀들을 깨울 때 꼭 때릴 필요는 없단다. 이놈들은 워낙 예민한 동물들이라 살살 쓰다듬어 주어도 금방 눈을 뜨거든."

"하지만 아버지는 항상 이렇게 하세요. 나귀는 게으름을 많이 피우기 때문에 엄하게 다루어야 한다고 하셨어요."

말론이 항변하자 요셉은 입을 다물었다. 이 아이에게 네 아버지가 틀렸다고 말할 수는 없는 노릇이었다. 그는 며칠간의 경험으로 자기 친구 아므람에 대해 다시 생각해보게 되었다.

"안장을 얹는 것 좀 도와주겠니?"

자기가 안장을 들면 스스로 다가와서 등을 맡기던 영리한 나귀가 오늘은 슬금슬금 자꾸 뒷걸음질을 치고 있었다. 말론이 고삐를 잡기 위해 다가가자 갑자기 그의 나귀가 입술을 뒤집고 하얗게 이빨을 드러냈다.

"딱!"

이빨 부딪히는 소리가 작은 마구간에 울려 퍼졌다. 요셉이 재빨리 아이의 팔을 잡아당기지 않았으면 손을 물릴 뻔했다. 요셉은 화가 났다. 나귀를 함부로 때린 말론에게도 화가 났고 아이의 손을 물려고 했던 나귀에게도 화가 났다. 그리고 이 상황을 어떻게 정리해야 할지 고민하는 자기 자신에게도 화가 났다.

'아므람을 어떻게 해야 할 것인가!' 요셉은 토지 관리인을 바꿔야 한다는 것을 깨달았지만 오랜 친구인 그에게 상처를 주고 싶지도 않았다. 그러면 자기 자신이 너무 나쁜 사람이 된 것같이 느껴지기 때문이었다. 이것은 간밤에 요한이 잠든 후에도 엎치락뒤치락 잠들지 못하고 고민했던 문제였다.

"아저씨, 아파요."

아직 팔을 잡혀 있는 말론이 인상을 찡그렸다.

"아, 미안하다. 그리고 조심해야 한다. 이놈은 로마군대에서 키우던 놈이라 성깔이 있거든."

요셉은 아이의 팔을 놓고 나귀에게 다가갔다. 이번에는 나귀도 주인의 눈치를 살피며 얌전히 있었기에 순조롭게 안장을 얹을 수 있었다. 요셉이 나귀의 목을 몇 차례 두들겨주자 나귀도 그의 머리를 요셉의 어깨에 부드럽게 기대며 비벼댔다. '그래, 일단은 내버려두자. 내가 예루살렘으로 이사 온 다음에 결정해도 될 문제야.' 결정을 뒤로 미루자 답답한 마음이 조금은 가벼워졌다.

"괜찮니? 많이 아팠지?"

노아가 걱정돼서 베렉에게 물었다. 마길과 잇도가 떠나고 둘 만 남겨진 다음부터 베렉이 아무 말도 하지 않고 있었기 때문이었다.

"엄마로서 이런 말을 해서 미안하다만, 회초리를 맞는 것에 익숙해져야만 해. 회초리는 사람들이 나귀에게 하고 싶은 말을 전달하는 도구일 뿐이야. 나귀와 마음으로 통할 줄 모르는 사람들은 막대기를 휘두르는 것으로 밖에는 말할 줄 모른단다."

"아픈 것은 참을 수 있어요. 하지만 너무 억울하고 화가 나요. 흑흑, 마길 할아버지가 말씀하신 나귀들의 참 주인이 빨리 오셨으면 좋겠어요."

베렉이 중얼거리듯이 대답했다. 그의 마지막 말은 흐느낌에 묻혀서 잘 들리지도 않았다. 노아는 가만히 다가와서 베렉의 목에 자기의 목을 빗겨대었다.

어느 나귀라도 처음 매를 맞았을 때의 충격을 잊

을 수가 없을 것이다. 그리고 그것이 반복되는 일상이라면 분명 깰 수 없는 악몽에 갇힌 것 같은 저주였다. 노아의 깊은 한숨이 흐느끼는 베렉의 등을 타고 흘렀다.

"조금 쉬어가자꾸나.

한쪽으로만 앉아 있으려니 허리가 너무 아프네."

건장한 나귀 위에 비스듬히 걸터앉아 있던 마리아가 고삐를 잡고 앞장선 아들에게 말했다. 요한은 걸음을 멈추고 뒤를 돌아보았다. 바로 뒤에 있을 것으로 생각했던 일행이 한참이나 뒤에 처져 있었다. 늙은 나귀의 발걸음이 워낙 느렸기 때문이었다.

"그럴까요? 제가 내려 드릴게요."

요한은 억세고 메마른 나무들이 덤불을 이뤄 만든 작은 그늘에 어머니를 모셨다. 마리아가 그늘에 자리 잡고 한숨을 돌리고 나서야 다른 일행들이 다가왔다.

"아유, 차라리 제가 양들을 몰고 가는 게 더 빠르겠어요. 어린 양 두 마리가 뭐 그리 무겁다고 이렇게 쩔쩔매는지 원."

항상 부지런하고 그만큼 성질도 급한 로데가 느려터진 늙은 나귀의 걸음에 질렸는지 종알거렸다. 그 나귀는 어린 양을 담은 바구니를 등 양편으로 하나씩 매단 채 숨을 헐떡이고 있었다.

"그만해라. 쉬지 않고 종알거리는 소리에 머리가 다 아프구나. 양을 몰고 가다가 괜히 유월절 양에 흠집이라도 난다면 이 고생을 한 것이 아무 보람도 없지 않겠니? 그나저나 이놈이 너무 늙긴 늙었구나. 집에 도착하기 전에 쓰러지기라도 하면 큰일인데 말이다."

요셉이 늙은 나귀의 고삐를 요한에게 넘겨주었다. 그러고는 마리아가 앉은 작은 그늘의 한 모퉁이에 고개를 들이밀고 털썩 주저앉으면서 심드렁하게 말했다.

"누님. 어제 저놈을 타고 온 것이 기적이요. 차라

리 아므람네 어린 나귀를 타는 것이 낫겠소."

"저 나귀와 오랫동안 함께하다 보니 저렇게 늙은 것도 몰랐구나. 다음에 아므람을 만나면 네 말대로 그 어린 나귀를 달라고 해야겠다."

그들은 잠시 쉬면서 로데가 품에서 주섬주섬 꺼내든 말린 과일 뭉치를 나누어 먹었다. 단단히 뭉쳐진 건포도 덩이를 입에 넣고 우물거리자 목구멍이 간질간질할 만큼 진한 단맛이 우러나왔다.

잠깐의 휴식이 주는 편안함이 그들의 얼굴에서도 우러나왔다.

"이렇게 늦어서는 안식일 식사를 제때 준비할 수 없을 텐데. 아아, 언제 예루살렘으로 돌아가려나."

모두의 달콤한 휴식은 로데의 종알거림으로 끝을 맺고 말았다. 마리아가 잠깐 벗어두었던 검은 천을 황급히 머리에 덮어쓰며 벌떡 일어난 것을 시작으로 요셉과 요한이 엉덩이를 툭툭 털며 일어났다.

"흥!"

로데는 머리 위의 태양보다 더 이글거리는 눈빛으로 쩨려보는 요한을 가볍게 무시했다.

"헉헉, 헉헉, 헉."

마길의 거친 숨소리가 올리브산 중턱의 작은 산길을 가득 채우고 있었다. 잇도는 슬며시 발걸음을 멈추었다. 마길이 잠시나마 쉴 수 있도록 시간을 벌기 위해서였다. 요한이 뭐라고 큰소리를 치면서 고삐

를 강하게 당기자 입 주위를 칭칭 동여매 놓은 재갈
이 조여지면서 꽤 아팠다. 하지만 잇도는 고통을 참
으며 묵묵히 버텼다. 뒷다리를 펄쩍펄쩍 몇 번 차면
시간을 끌기에 더 효과가 있겠지만 그랬다가 만약
마리아가 땅에 떨어지기라도 하면 큰일이기에 그것
까지는 할 수 없었다.

　"헉헉. 잇도. 헉헉. 난 괜찮다.

　조금만 더 가면 내리막길이 시작되니까 헉헉, 얼
른 마저 가자꾸나. 헉헉."

　"영감님. 괜히 힘 빠지게 말하지 말고 가만히 쉬
세요. 끄응. 이 정도 버티는 것은 일도 아니니까요."

　요한이 비록 젊은 청년이라고 해도 건장한 나귀와
힘을 겨뤄 이길 수는 없었다. 요한이 앞에서 당기
든, 뒤에서 밀든 잇도는 바닥에 뿌리를 내린 듯 꼼
짝도 하지 않았다. 덕분에 그의 뒤에 붙어선 마길도
잠시 숨을 고를 수 있는 여유를 가질 수 있었다. 입
밖으로 튀어나갈 것처럼 거칠게 뛰던 심장이 깊은
심호흡을 따라 천천히 본래의 박자로 돌아왔다.

하지만 잇도가 벌어준 잠깐의 여유가 금방 끝이 났다. 마리아와 로데가 몇 마디 서로 주고받으면서 인상을 쓰자 요한이 올리브밭으로 들어가서 가늘고 연한 가지 하나를 뚝 꺾어서 돌아왔다.

물론 잇도가 회초리를 맞은 것은 아니었다. 요셉이 나서서 말렸기 때문이었다. 하지만 일이 그 지경까지 갔는데 잇도도 더 버틸 재간이 없었다. 요셉이 그에게 와서 머리와 목을 몇 번 쓰다듬고 다정하게 귓속말을 하면서 달래는데 그것마저 거절하면 주인의 체면이 말이 아닐 테니까 말이다. 잇도가 마지못해 발을 떼자 요셉이 환하게 웃으면서 뒤에 서 있는 조카에게 뭐라고 몇 마디를 건넸다. 그러자 요한이 계면쩍게 웃으면서 손에 들고 있던 올리브나무 가지를 휙 던져 버렸다.

마길도 충분히 쉬었는지 로데가 이끄는 대로 뚜벅뚜벅 잘 걸었다. 그의 등에 매단 바구니의 양들이 '매에'하고 길게 울었다. 다시 멀미가 시작됐기 때문이었다.

"뿌우우 뿌우뿌우 뿌우우"

성전 산꼭대기에서 제사장이 힘차게 불어대는 나팔 소리가 예루살렘성 구석구석까지 퍼져나갔다. 안식일이 곧 시작된다는 것을 알리는 소리였다. 해가 완전히 져서 안식일이 시작되기까지 무려 여섯 번에 나누어서 나팔을 불었는데 그것은 미리 일을 마무리하라는 배려 때문이었다.

"어떻게 해요! 세 번째 나팔 소리여요."

"침착해라.

아직 여섯 번이 다 울린 것이 아니잖니?"

마리아는 바닥이 까맣게 그을린 냄비를 불에서 내렸다. 그리고 미리 준비한 두꺼운 천으로 냄비를 감

쌌다. 이렇게 해 두면 내일 아침까지는 따뜻한 온기를 유지할 수 있을 것이었다. 이것이 안식일을 위해 준비하는 음식 중에 마지막 요리였다. 이제 불을 꺼야 했다. 안식일에 불을 피우는 것은 엄격하게 금지되고 있었다.

"로데, 화덕에 물을 부어라."

"예? 그러면 화덕이 엉망진창이 될 건데요?"

"할 수 없잖니? 불이 꺼지길 기다렸다가 재를 끄집어낼 시간이 없구나."

로데가 목이 긴 물병을 가져와서 화덕에 들어붓자 푸시시 하얀 수증기가 부엌을 가득 채웠고 타다 남은 숯덩이와 회색 재들이 물과 뒤엉켜서 걸쭉한 죽처럼 뭉그러졌다.

"뿌우 뿌우뿌우 뿌우우"

드디어 여섯 번째 나팔 소리가 울려 퍼졌다.

마리아는 곁에 있던 누런 베수건을 들어서 이마의 땀을 닦았다. 주어진 시간 안에 안식일 음식을 다 마련했다고 생각하니 만족스러운 미소가 저절로 나왔다. 아직도 화덕에서 치솟아 오르는 수증기에 코를 틀어막고 인상을 찌푸리고 있는 로데의 입가에도 슬며시 웃음이 새어 나왔다.

"저, 주인마님. 이 달걀들은 어떻게 할까요?"

음식 재료의 손질을 맡았던 에스텔이 주방의 입구에서 달걀을 담은 바구니를 들고 어정쩡하게 서 있었다.

"저런, 안식일마다 달걀 요리를 먹는 것이 우리 집 전통이잖아요! 어떡하죠? 켁켁."

로데가 놀라서 입을 벌렸다가 매캐한 수증기를 들이마시고 기침을 해댔다. 마리아는 달걀을 보면서 요한의 얼굴이 떠올랐다. 그가 제일 좋아하는 것이 바로 달걀이었다.

"할 수 없지. 불을 다시 피울 수도 없고   요리를 더 해서도 안 되니, 이번 안식일은 달걀이 빠진 식사를 하게 됐구나."

"죄송해요. 마님."

"아니다, 에스텔. 내가 더 살폈어야 했는데 그러

지 못한 불찰이 더 크다. 그리고 오늘은 안식일이잖니? 한 주간의 괴로움은 다 잊어버리고 편히 쉬렴.

로데도 마찬가지다."

"호호. 그래요. 에스텔 아주머니. 남자들이 회당에 다녀온 후에나 저녁을 먹게 될 테니까 그때까지 좀 쉬는 게 좋겠어요. 저도 벳바게에서 오자마자 계속 일했더니 피곤하네요."

여자들이 주방에서 나오다가 대문 앞에 선 요셉과 요한을 발견했다.

"회당에 가는 거냐?"

"예, 누님. 키프로스 사람들이 모이는 회당에 가려고 합니다."

예루살렘에는 여러 헬라지역에서 귀향한 유대인들이 출신지별로 세운 회당들이 수백 개가 있었다.

예루살렘은 겉보기에는 유대인들의 성지였지만 동시에 매우 국제적인 도시이기도 했다.

"왜? 가까운 곳에 있는 회당으로 가지 않고?"

"토라(성경의 모세오경)를 읽을 때 사람이 너무

많으면 집중하기가 어려워서요. 그리고 이번에는 요한도 데려갑니다."

　마리아는 요셉이 요한을 키프로스 사람들의 회당에 데려가려는 이유가 짐작되었다. 그의 상속자가 된 조카를 소개하려는 것이 틀림없었다. 앞으로 요한이 삼촌에게 물려받게 될 재산을 지켜나가려면 아무래도 키프로스에 연줄이 있는 사람들의 도움을 받아야만 할 일이 많을 것이었다. 그래서 요셉은 재산만이 아니라 자신의 연줄까지도 물려주려고 하는 것이었다. 마리아는 자기 아들을 향한 동생의 마음 씀씀이가 고마웠다.

　"그래. 요한이도 가서 예의 바르게 잘해야 한다. 괜히 삼촌 체면에 손상 가지 않도록 말이다."

　"나 참, 어머니도. 제가 아직도 어린애인 줄 아세요? 잘하고 올 테니까 걱정하지 마세요."

　"이 녀석이 실수해도 동생이 잘 이해해주게. 저렇게 큰소리나 뻥뻥 치는 것이 영 못미더우이."

　"어머니!"

"하하하, 누님. 걱정하지 마세요. 오늘은 그저 키
프로스 사람들에게 이 아이를 소개해주려는 것뿐이
니까 실수하고 말고 할 것도 없어요."

"안식일 첫 식사는 너희가 오면 할 테니까 너무
늦지는 말고."

"예예, 제 생각엔 식사시간보다 토라 낭독에 늦
는 것이 더 걱정이에요"

"저런, 벌써 어두워지기 시작했구나. 요한아, 서
둘러야겠다. 누님. 다녀오겠습니다."

"어머니, 저도요. 로데, 에스텔. 갔다 올게."

요셉과 요한이 밖으로 나가자 로데가 문단속을 했
다. 어느 이름 모를 병사가 일상이라는 치열했던 전
쟁터를 벗어나며 남긴 붉은 망토처럼, 지평선 너머
로 사라진 태양을 미처 따라가지 못한 붉은 노을이
도시 전체를 덮고 있었지만, 곧 그것도 사라질 것이
었다.

"아차! 로데, 집안에 불을 밝혀 놓았니?"

"어머나! 식사준비에 온통 신경을 다 쏟아서 그

만 등잔불을 밝히는 것을 깜박했어요."

"이미 안식일이 시작돼서 불을 켤 수는 없으니 큰일이구나. 곧 어두워질 텐데 어떻게 해야 하지?"

"저, 주인마님. 제가 골목 입구에 있는 헬라사람 집의 어떤 종하고 친한데요. 그는 유대인이 아니니까 제가 부탁하면 등잔에 불을 붙여 줄 수 있을 거예요."

"에스텔, 좋은 생각이다만 여자들만 있는 집에 그 사람을 집안으로 불러들이기가 꺼림칙하구나."

"그럼 등잔을 많이 가져가서 다 붙여 달라고 하면 되죠. 뭐."

"그것도 좋구나. 에스텔, 로데 말대로 등잔을 많이 가져가서 불을 붙여 오너라. 그리고 부엌에 만들어둔 음식에서 그 사람 몫으로 조금 가져가렴."

"호호호, 알겠습니다. 그 사람은 유대 음식을 아주 좋아해서 기꺼이 등잔에 불을 붙여 줄 거예요."

에스텔이 부엌에서 약간의 음식을 그릇에 담았다.

그리고 밑이 평평한 갈대 바구니를 찾아와서 그

안에다 조심조심 자리를 잡아가며 작은 등잔 여러 개를 놓았다. 등잔을 더 많이 가져가고 싶었지만, 안식일에 짐을 나르는 것도 일에 해당하므로 그 양이 엄격하게 제한되어 있었다. 물론 집안에서만 생활하는 여자들이라 이런 규정을 세세히 알 수 없었다. 어쩌면 이런 문제를 가지고 시시콜콜 따지는 랍비들도 등잔 개수까지는 정하지 않았을지도 모른다. 아무튼, 너무 많이 가지고 가는 것은 안식일 규정을 위반할 위험이 컸다. 에스텔이 점차 어두워지고 있는 골목 저편으로 종종걸음을 치며 사라지자 로데는 얼른 문단속을 단단히 했다.

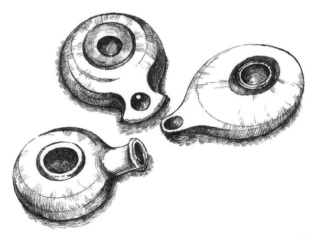

5장
숨 가쁘게 안식일을 지내다

"**후우**, 후우, 후우,"

"영감님, 정신 차려요. 아 이거 어쩌면 좋지? 정말 큰일이네."

검은 어둠에 잠겨있는 마구간의 바닥에 마길이 거친 숨을 몰아쉬며 쓰러져 있었다. 아무래도 이번에 다녀온 벳바게 방문이 나이가 많은 그에게는 큰 무리가 된 모양이었다. 정신이 없는 마길 주위를 맴돌면서 안절부절못하던 잇도는 갑자기 뒷발질로 마구간의 문과 벽을 차기 시작했다. 어떻게든 도와줄 사람들을 불러오려는 노력이었다.

"안식일이잖아. 안식일! 도대체 오늘 왜 이러는

건데?"

한 손에 작은 등잔을 들고 로데가 투덜거리며 나
타났다. 잇도는 로데가 마길을 볼 수 있도록 뒤로
물러섰다. 흔들리는 등잔불에 의지해서 어두컴컴한
마구간 안을 살피던 로데가 잇도의 바람대로 마길
을 발견했다.

"어머, 이 나귀가 왜 쓰러져있데?"

마길을 살피던 로데는 상태가 심상치 않음을 보고
놀라서 안채로 뛰어갔다. 그리고 잠시 후 이 집의
여주인인 마리아와 함께 돌아왔다.

"저런 많이 아픈가 보구나. 이를 어쩐다? 남자들
이 돌아와야 뭐라도 해 보지, 지금은 어쩔 수가 없
구나. 조금만 더 참고 있으렴."

사람들이 아무 도움도 주지 않고 가버리자 잇도가
다시 뒷발질로 문과 벽을 찼다. 편자를 박은 발굽으
로 차대니 소리가 제법 컸다.

"이, 잇도. 헉헉. 너무 시끄럽구나. 헉헉."

"영감님. 정신이 좀 드세요?"

잇도는 황급히 마길 옆으로 다가와서 머리맡에 주저앉았다. 마길은 땀으로 흠뻑 젖은 채 몸이 부들부들 떨리고 있었다.

"후우. 내가 늙긴 늙었나 보구나. 헉헉. 조금 무리했다고 이렇게 정신을 못 차리겠으니 말이다."

"하여간, 이 집주인 여자도 참 못됐어요. 평생 부려 먹었으면 됐지, 조금 걸으면 될 거리를 굳이 영감님을 타고 다녔으니 말이에요. 내가 태워보니 그 여자 엄청나게 무겁던데요?"

잇도가 냉정하게 돌아선 마리아를 생각하자 울분이 치솟아서 한마디 했다.

그러나 마길은 오히려 마리아와 함께했던 아련한 과거의 옛일들을 더듬었다.

"난 태어난 지 몇 시간도 채 되지 않은 새끼 나귀였을 때 그녀를 처음 만났단다. 그녀는 아버지와 함께 마구간으로 찾아왔었어. 그녀의 아버지가 커다란 손으로 그녀의 눈을 가리고 있었지. 여덟 번째 생일을 맞아 주는 깜짝 선물이 바로 나였거든. 눈을 가렸던 손이 치워지자 그녀가 나를 봤어. 처음에는 어두운 마구간 안이 잘 안 보이는지 찡그린 눈을 몇 번 깜박이다가 드디어 나를 발견했어. 그때 두 눈을 어찌나 크게 떴던지 마치 밤하늘에 검은 구름 사이로 내비친 보름달을 보는 것 같았단다. 그녀가 마구간으로 들어와서 내 목을 안았어. 정말 따뜻하고 보드라운 손이었지."

잇도는 마길의 말을 들으면서 자기 주인 요셉과의 첫 만남이 떠올랐다. 요셉은 사납고 거칠어서 늘 구박만 당하던 자신을 처음으로 따뜻하게 안아주었던 사람이었다.

"내가 처음으로 태운 사람도 그녀였단다. 내가 사람을 태울 만큼 튼튼해졌을 때 그녀는 열 살이었고, 그때도 제법 무거웠지. 허허허. 그녀가 아버지의 손을 붙잡고 내 등에 올라앉았을 때 하마터면 펄쩍 뛰어 도망갈 뻔했어. 하지만 난 그녀를 좋아했단다. 어떻게든 좋아하는 그녀를 즐겁게 해 주고 싶었고, 그래서 등이 부러질 것같이 아프고 네 발이 모두 후들후들 떨렸지만, 간신히 버티면서 마당을 한 바퀴 돌았지. 그때 그녀는 깔깔깔 웃으면서 내 목을 안아 주었어.

　그 뒤로는 더 자주 태웠고, 우리는 멀리 여행을 다녀오기도 했지. 그녀가 결혼식을 마치고 남편과 함께 이 집으로 올 때도 내가 태우고 왔단다. 정말 즐거운 시간이었지."

　마길의 음성이 점점 아련해지자 걱정이 된 잇도가 물었다.

　"저 영감님. 이제 이야기는 그만하고 좀 쉬시는 것이 어때요? 내일 또 들려주세요."

　하지만 마길은 잇도의 소리를 아예 듣지 못하는 것 같았다. 마길은 계속해서 중얼거렸다.

　"그날 밤은 정말 어두웠어. 난 안채에서 들리는 무시무시한 울부짖음 소리에 잠에서 깨어났지.

　사람들이 우는 소리가 사방에서 들려오고 정말 무서웠어. 그때 그녀가 나타났다. 마당 저 끝에서부터 여기까지 비틀거리면서 걸어오는데 금방이라도 쓰러질 것 같았지. 그녀는 저 문을 열고 들어와서 내 목을 끌어안고 울기 시작했어. 울고 또 울었어.

그녀의 남편이 그날 밤 죽었던 거야."

한동안 차분하게 이야기를 하던 마길이 갑자기 기침을 심하게 하면서 숨을 거칠게 몰아쉬었다.

"쿨럭쿨럭. 오늘은, 헉헉, 그날 밤처럼 어둡군.

마리아가 내 목을 안아 준 것은 그날 밤이 마지막이었어. 후욱후욱, 그 후로는 날 친구가 아니라 그저 한 마리의 나귀로만 대했지. 헉헉."

"제발 그만 이야기하세요. 쉬셔야 해요."

"쿨럭쿨럭. 휴우, 긴 세월이었어. 사람들에게는 별것 아니겠지만, 나귀에게 40년은 정말 긴 세월인 거야. 쿨럭쿨럭. 그 긴 세월 동안 난 한 주인만 섬겼어. 헉헉, 그 주인은 좋은 사람이었으니 나야말로 정말 운이 좋은 나귀였지. 쿨럭, 컥, 커컥."

그의 마지막 말은 터져 나온 기침에 삼켜져서 잘 들리지도 않았다. 잇도는 겁이 났다.

"제발 그만 해요. 힘을 아끼라고요!"

잇도의 큰소리에 한차례 몸을 부르르 떨었던 마길이 갑자기 크게 부르짖었다.

"주님, 헉헉, 제가 참 주인에게로 돌아갑니다.

안식을, 참 안식을 저에게, 커컥."

그리고 그의 떨림이 멈추었다.

어느새 두 눈도 감겨 있었다.

"영감님. 정신 차리세요! 영감님, 눈 떠보세요!"

잇도는 앞발로 마길의 배를 툭툭 건드렸다. 바닥에 배를 깔고 엎드린 후 마길의 얼굴을 혀로 핥아도 보았다. 하지만 한 번 감긴 마길의 눈은 다시는 열리지 않았다. 그의 깊고 지혜로운 눈을 다시는 볼 수 없다는 생각이 들자 잇도는 벌떡 일어섰다.

그리고 미친 나귀처럼 마길의 주변을 서성거렸다.

'다각다각, 다각다각' 좁은 마구간을 빙글빙글 돌면서 걷고 또 걸었다.

"이런 제길. 이런 망할!"

그는 요셉을 만난 이후로는 입에 담아보지 않았던 거친 욕설들을 쉬지 않고 내뱉었다. 하지만 조금도

개운해지지 않았다. 그는 보통 나귀들과는 달리 전쟁터에서 많은 생명의 죽음을 목격했던 경험이 있었다. 하지만, 아무리 보고 또 보아도 절대 익숙해지지 않는 것이 바로 죽음이었다.

요셉은 회당에서 돌아오자마자 홀로 마구간으로 향했다. 그에게 말을 전하는 마리아의 상태가 심상치 않았기 때문에 요한은 어머니의 곁에 남아 있게 했다. 안채에서 마구간이 멀지도 않건만 들고 있는 등잔불이 꺼지지 않도록 다른 손으로 바람막이해가면서 조심스럽게 걷느라 느리게 갈 수밖에 없었다.

집안을 밝히고 있는 등잔이 몇 개 되지 않았기 때문에 하나라도 꺼트리면 정말 낭패였다.

마구간에 가까이 갈수록 자기 나귀의 서성대는 소리가 거칠게 들렸다. 편자 박은 발굽으로 걷는 소리라 대번에 알아들을 수 있었다.

"허, 너무 느긋해서 탈인 녀석이 오늘은 웬일로

난리가 났을까?"

요셉이 마구간으로 들어서면서 손에 들고 있던 등잔을 높이 쳐들었다. 그러자 크게 흔들리는 그림자들 사이로 바닥에 쓰러져 있는 늙은 나귀와 그 주변을 끊임없이 빙글빙글 돌고 있는 건장한 나귀가 보였다. 일단 저 정신없는 나귀를 진정시켜야 했다.

요셉은 등잔을 구유의 한 귀퉁이에 내려놓고 천천히 건장한 나귀에게 다가갔다. 하지만 마구간에 넣을 때 편히 쉬라고 재갈과 고삐를 다 풀어 놓았는지라 딱히 붙잡을 곳이 없었다. 이럴 때 흥분한 나귀를 잘못 다루면 나귀에게 물릴 수도 있었지만, 요셉은 자기 나귀를 믿었다. 그는 천천히 다가가서 나귀와 함께 걸었다. 그리고 손을 뻗어서 나귀의 목덜미를 쓰다듬었다. 그리고 몸을 돌려서 다른 손을 뻗어 목을 완전히 감싸 안은 다음 두 발로 버텼다.

"워워. 진정해라. 괜찮아. 내가 왔잖아."

그가 나귀의 목을 안고 계속 속삭이면서 달래자 이리저리 고개를 흔들며 앞으로 밀고 나가던 나귀

147

의 발걸음이 멈췄다. 요셉은 고개를 들고 나귀와 마주 서서 바라보았다. 순간 요셉은 자신이 잘못 본 것은 아닌가 하는 생각이 들었다. 나귀의 얼굴이 너무나도 슬퍼 보였다. 그것은 그가 미처 예상하지 못했던 표정이었다. 나귀에게 사람처럼 깊은 슬픔의 감정이 있을 거라고는 생각해 보지 않았다. 그는 약간의 혼란스러움을 느꼈다.

그는 바닥에 쓰러져 있는 늙은 나귀에게 가까이 다가갔다. 척 보기에도 죽은 것 같았다. 손가락에 침을 발라서 나귀의 주둥이에 가까이 가져가면서 손이 닿지 않도록 조심했다. 주검을 만지면 부정해지기 때문이었다. 숨결이 전혀 느껴지지 않았다.

죽은 것이 확실했다.

"이걸 어떻게 한다? 주검을 만지면 온종일 부정에서 벗어나지 못하는데?"

유대인의 율법에 주검을 만진 사람은 부정해졌기 때문에 옷을 갈아입고 입었던 옷은 빨아야 했다. 그리고 다음 하루가 시작되는 저녁 시간까지 부정이

지속되기 때문에 그 시간 동안에는 다른 사람들과 떨어져 지내야 했다. 왜냐하면, 부정함이 정결해지기 전에 타인을 접촉하면 그 사람마저도 부정해지기 때문이었다.

요셉은 죽은 나귀를 어떻게 해야 할지 고민이 됐다. 만약 오늘이 평일이었다면 요한과 함께 죽은 나귀를 치운 후 하루를 조용히 보내면 그만이었다.

하지만 오늘은 안식일이었다. 안채에는 누님이 그를 위해 저녁 식탁을 차려놓고 기다리고 있었다. 또한, 내일 아침에는 회당에 가서 안식일마다 읽어나가는 토라를 낭독해야 했다. 회당장이 특별히 부탁한 그 일은 아무에게나 주어지는 일이 아니었다. 그런데 그가 지금 주검을 만지고 나면 내일 저녁까지, 즉 안식일 내내 가족들과 접촉할 수도 없고, 회당에 나가지도 못하게 될 것이었다.

그럴 수는 없었다. 그는 안식일만 지나면 사람을 불러서 죽은 나귀를 처리해야겠다고 생각했다. 내일 회당에 가서 물어보면 나귀 가죽 수집상 한 명

정도는 소개받을 수 있을 터였다.

"지금은 죽은 나귀를 손댈 수가 없으니 너 만이라도 밖으로 나가자꾸나. 아무리 짐승이라도 죽은 것과 밤을 새우게 둘 수는 없지 않니?"

요셉은 자기 나귀를 마구간에서 빼내서 마당에 두려고 했다. 그런데 건장한 나귀가 마구간을 빠져나오려고 하지를 않았다. 나귀는 네 발을 모두 바닥에 착 붙인 채 한 발자국도 떼려고 하지 않았다. 요셉은 아까 보았던 슬픈 표정이 떠올라서 나귀의 얼굴을 다시 자세히 보았다. 지금은 크게 불안해 보이지도 않았고 딱히 슬퍼 보이지도 않았다.

"네가 정 원한다면 여기 그대로 있어도 된다. 넌 사람이 아니니까 죽은 짐승과 함께 있다고 부정을 입을 일도 없고 말이다. 하지만 난 그만 가 봐야겠구나. 사실 배가 너무 고프구나. 가서 누님에게 나귀가 죽었다는 소식도 전해야 하고 말이다."

요셉은 평소 습관대로 나귀의 머리를 쓰다듬으면서 조곤조곤 이야기했다. 그리고 구유 위에 두었던 등잔을 챙긴 후 어둠 속에 나귀들을 둔 채 마구간을 나섰다. 마당을 가로질러 몇 발자국 걷던 요셉은 문득 자기 나귀의 표정이 궁금해져서 다시 뒤를 돌아보았다. 하지만 우두커니 서 있는 나귀의 윤곽만 어슴푸레 보일 뿐, 짙은 어둠에 싸여있는 나귀의 얼굴은 알아볼 수 없었다. 요셉은 어깨를 한 번 으쓱해 보고는 다시 돌아서서 멀어져갔다.

캄캄한 어둠에 묻혀서 불어오는 바람에 위태롭게 흔들리던 등잔불이 점점 멀어져 갔다. 잇도는 더 이상 그의 주인의 모습이 보이지 않게 되자 바닥에 쓰러져 있는 마길의 옆에 나란히 누웠다. 죽은 나귀에게 붙여 댄 옆구리를 통해서 차갑게 식어가고 있는 그의 몸이 느껴졌다. 그 차가움이 잇도의 체온을 떨어뜨리지는 않았지만, 몸속의 무엇인가를 천천히 얼어붙게 했다. 눈에 보이지 않는 그곳을 사람들은 마음이라고 불렀고, 거기서 차갑게 식어가고 있는 것은 우정, 신뢰라고 부르는 것들이었다.

"영감님은 40년 평생을 한 주인만 섬겼는데 그 잘난 주인님은 와 보지도 않네요."

잇도는 자신이 요셉에게 쓸모가 없어졌을 때 그도 자신을 버릴 것인지가 궁금해졌다. 사람과 나귀가 마음으로 통하는 사이가 됐다고 해도 마길과 마리아를 보면 그것이 끝까지 가기는 어려울 것 같았다.

흔들리는 불빛과 함께 멀어져가던 요셉의 뒷모습이 계속 생각났다. 지금까지는 둘이 함께 여행하고 함께 머문다고 생각했는데, 그렇지가 않았다.

우리는 같은 세계를 사는 것이 아니었다.

그때 안채에서 사람들의 웃음소리가 들렸다.

마당을 사이에 두고 안채와 마구간은 밝음과 어둠, 웃음과 침묵, 생명과 죽음, 사람과 나귀, 그리고 주인과 종으로 나뉘어 있었다. 가끔 양쪽 세계가 교류할 때도 있었으나 그것은 어디까지나 저쪽이 이쪽을 필요로 할 때뿐이었지 이쪽에서 저쪽으로 건너갈 길은 없었다. 저들은 주인임에도 불구하고 이쪽이 고통에 처하면 주인의 책임을 다하기보다는 서둘러 관계를 끊었다. 그러므로 그들은 가짜 주인이었다. 마길의 말이 맞았다. 모든 나귀는 참 주인이 필요했다.

잇도는 처음으로 들나귀가 부러웠다. 그들은 어렵고 힘든 야생의 삶을 살고 있지만 대신 자유롭지 않은가 말이다. 그의 마음속에서 모든 것을 스스로 결정하고 책임지는 삶에 대한 열망이 끌어올랐다.

주인이 없는 삶, 아니 내 삶의 주인이 나인 삶, 내가 내 여생의 주인이라는 자각이 맹렬하게 끓어올랐다.

"영감님, 영감님이 꿈꾸던 대로 부디 좋은 곳에서 참주인을 만났기를 바라요. 하지만 난 이제부터 아무도 주인으로 섬기지 않을 작정이에요. 지금까지 여러 주인을 모셔봤으니 이번에는 내가 내 삶의 주인이 되어 살아보겠어요."

잇도는 마길의 귓가에 머리를 붙이고 다정하게 중얼거렸다. 그리고는 벌떡 일어났다. 마구간의 허술한 문쯤이야 아무 문제가 아니었다. 천을 꼬아서 만든 고리에 머리를 디밀었다가 밀어 올리자 한 번에 벗겨지면서 문이 열렸다. 다시 한 번 바닥에서 미동도 하지 않고 있는 마길을 힐끗 보았다. 그리고는 어둠 속으로 성큼성큼 걸어서 굳게 닫혀 있는 대문 앞에 섰다. 그가 스스로 선택한 자유를 얻기 위해 맞서야 할 첫 번째 역경이었다.

그는 앞발을 높이 들어 문의 중심을 찼다. '쿵' 소리가 울렸지만, 문은 끄떡하지 않았다. 그는 뒤로 돌아섰다. 그리고 살짝 고개를 돌려 문까지의 거리를 가늠해 보았다. 그는 온 힘을 다하여 뒷발질을 했다. '쿠당탕' 요란한 소리와 함께 문빗장이 조금 미끄러졌다. 그러나 그뿐이었다.

요한이 뛰쳐나왔다. 그가 소리치자 로데가 나왔다. 요셉도 보였다. 요셉이 그를 향해 소리치고 있었다. 여기서 멈출 수는 없었다. 잇도는 다시 한 번 발길질을 했다. 한 번 더, 한 번 더. 빗장은 풀리지 않았지만, 빗장을 걸었던 나무의 못이 통째로 빠져

버리면서 문이 활짝 열렸다. 그는 요셉을 다시 한 번 힐끗 보고는 몸을 돌려 열린 문으로 빠져나갔다.

길은 텅 비어 있었다.

안식일 저녁에 돌아다닌다면 그는 유대인이 아닐 터였다. 뒤에서 요셉의 외치는 소리가 골목을 울렸다. 아마도 그의 뒤를 따라오는 모양이었다. 집집의 창들이 열리면서 사람들이 내다보았다. 하지만 그뿐이었다. 아무도 길에 나서서 그를 막지는 않았다.

골목을 다 빠져나오자 앞에 성문이 보였다. 성문 자체는 굳게 닫혀 있었지만, 한쪽 문을 잘라서 만든 작은 쪽문이 열려 있었다. 안식일이기 때문이었다.

해가 지기 전에 미리 성문을 닫고 쪽문을 열어 둔 것이다. 한 번 닫힌 문은 해가 떠도 다음 날 저녁이 될 때까지 열리지 않겠지만, 쪽문만은 온종일 열어 두어서 문을 여닫는 노동을 하지 않아도 사람들이 왕래할 수 있었다.

잇도는 쪽문 앞에 멈추어 섰다. 힘껏 달려온 것도 아닌데 심장이 미친 듯이 뛰고 있었다. 주변에는 아

무도 없었다. 요셉은 미처 그를 따라잡지 못했거나 아니면 포기하고 돌아갔을 것이었다. 그는 심호흡을 크게 하고는 고개를 숙이고 천천히 쪽문을 통과했다. 숨이 턱 막혔다. 사방이 검은 천을 덮어 놓은 것 같은 빈들이었다. 구름에 반쯤 가린 달빛을 받아 어슴푸레하게 땅의 윤곽만 보였다. 두려운 마음도 들었다. 사방이 열려있음에도 불구하고 막상 어디로 가야 할지 막막했기 때문이었다. '예전에는 요셉이 가자는 대로 걷기만 하면 됐었는데.'

"이봐, 넌 뭐야!"

"이놈, 거기 꼼짝 마라!"

갑자기 성문 안쪽이 소란스러워지며 군복을 입은 남자 둘이 성벽 뒤의 계단을 타고 내려왔다. 경계를 서야 할 문지기들이 잠시 한눈을 팔다가 이제야 성문 밖에 서 있는 나귀를 발견한 모양이었다. 잇도는 달빛에 번쩍이는 단창과 그들의 허리춤에 걸려 덜렁거리는 검을 보았다. 머뭇거릴 여유가 없었다.

잇도는 맹렬하게 광야를 향해 달려나갔다. 그렇게

그는 예루살렘성으로부터 그리고 요셉으로부터 멀어져갔다.

요셉은 후회하고 있었다.

"그놈을 죽은 나귀와 두는 것이 아니었는데."

"삼촌, 너무 자책하지 마세요. 안식일이잖아요?

이런 날 어떻게 주검을 만져서 부정을 입겠어요?

더구나 오늘 아침에는 회당에서 토라 낭독을 하셔

야 하잖아요?"

"애야. 난 회당에 가지 못하겠구나. 부정을 입은

것은 아니지만, 간밤에 이리저리 뛰어다녔으니 이

미 안식일을 범한 것이나 마찬가지 아니냐? 이런 상

태로 토라를 읽을 수는 없구나. 대신 네가 가서 사

람들에게 잘 말해다오. 특히 회당장에게는 미안하

다고 꼭 전해주고."

요한은 마음이 내키지 않았다. 마리아가 어디 아

픈지 아침 식사도 거르고 방에만 머물고 있어서 신

경이 많이 쓰였다. 그리고 자기 혼자 어제 처음 만난 키프로스 사람들의 회당을 가는 것도 여간 불편한 것이 아니었다.

결국, 홀로 키프로스 사람들의 회당을 찾아갔다. 다른 방도가 없었기 때문이었다. 그는 사람들에게 간밤의 이야기를 전하고 요셉이 오지 못한 것에 대한 양해를 구했다. 그들은 오히려 갑작스러운 손해를 입은 요한을 위로하면서 저녁이 되어 안식일이 끝나면 죽은 나귀를 처리할 가죽업자를 바로 보내주겠다고 약속했다. 그들은 부유한 이 신입회원에게 그들이 얼마나 친절하고 너그러운 사람들인지 보여주고 싶었던 것이다.

잇도는 따가운 햇볕을 받으며 눈을 떴다. 해가 중천에 있는 것이 늦잠을 잔 모양이었다. 간밤에 달리다 지쳐 어느 바위 아래 몸을 뉘였지만 간간이 들려오던 코요테 소리에 잠을 못 이루던 기억이 났다.

그러다 새벽녘에 자신도 모르게 잠이 들었었나 보다. 그는 앞다리는 쭉 내밀고 고개는 밑으로 낮추었다. 기지개를 켜는 것이었다. 수년 만에 자본 한뎃 잠이었다. 광야에서 밤을 지새우며 딱딱하게 굳어진 근육들이 비명을 지르는 것만 같았다. 몸이 조금 풀리자 밤새 의지하고 누워있던 바위 위로 뛰어 올라갔다. 여기가 어딘지 가늠해 보고 싶었다

"허, 겨우 여기까지밖에 못 온 건가?"

그는 눈앞에 보이는 작은 마을을 보며 몇 번이고 고개를 갸웃거렸다. 어느 순간 여기가 어디인지를 깨닫고 허탈해졌다. 광야를 밤새 헤매고 다녔건만 결국 예루살렘에서 겨우 한 시간 정도 떨어져 있는 벳바게와 베다니 마을 앞에 서 있었다. 한 번 와 봤던 마을이 낯선 듯 익숙한 듯 보였던 이유는 그가 지금 있는 위치가 마을의 반대편이기 때문이었다.

어디를 어떻게 돌아서 왔는지는 몰라도 야트막한 곳에 조금 큰 마을인 베다니가 보였고 그 뒤로 작은 언덕 위에 벳바게가 보였다.

어쩌면 야생 나귀로 살아가려는 그의 의지와는 달리 그의 길들여진 나귀로서의 속마음은 계속 사람들에게 이끌리고 있는지도 몰랐다. 재갈을 물고 있는 것처럼 입에서 쓴맛이 느껴졌다. 불과 하룻밤 광야에서 지낸 것뿐인데 혼자 광야를 헤매는 들나귀가 된다고 생각하니 끔찍한 기분이 들었다.

"가만, 저기에 가면 노아와 베렉이 있잖아. 그래. 그들을 못된 주인으로부터 해방하는 거야. 그들과 함께라면 자유로운 나귀들의 공동체를 세울 수도 있지 않겠어?"

잇도는 마을로 향하면서 자신이 길들여진 집나귀이기 때문에 마을에 가는 것은 아니라고 생각했다.

오직 불쌍한 노아와 베렉을 해방하기 위해서라고 몇 번이고 중얼거리며 걷고 있었다.

세상사에 무관심한 체 느긋하기만 하던 한 나귀가 세상의 학대받는 나귀들을 해방하고 싶어 하는 혁명가로 거듭나는 순간이었다.

잇도가 벳바게로 가기 위해서는 베다니를 통과해

야만 했다.

그는 서둘지 않고 천천히 걸었다. 시골 사람들은 나귀를 풀어놓을 때가 종종 있으므로 사람들이 자신을 동네 나귀로 여겨주기를 기대했다.

그런데 동네의 분위기가 이상했다. 그가 마을 입구에 섰을 때 사람들이 어디론가 부지런히 가고 있었다. 잇도는 어떻게든 자연스럽게 보이려고 사람들의 뒤를 따라 걸었다. 하지만 고삐도 매지 않은 나귀 한 마리가 어슬렁거리며 사람들 뒤를 따르는 것이 얼마나 이상해 보이는지는 미처 생각하지 못했다.

사람들이 모여들고 있는 곳은 주변에서 흔히 구할 수 있는 돌과 나무를 사용해서 지은 허술한 집이었다. 다만 본채에 아담한 별채가 붙어 있어서 담장과 같은 경계가 없으면서도 집 앞 공터가 자연스럽게 작은 마당을 이루고 있었다. 제법 큰 규모라는 것만 제외하면 시골 어디에서나 볼 수 있는 지극히 평범한 모습이었다. 하지만 지금은 그런 평범함이 무색할 만큼 많은 사람이 집 앞마당에 있었다. 그리고 여전히 마을 사람들이 계속해서 그 집으로 모여들었다. 이런 일은 안식일 아침에 벌어질 만한 일은 결코 아니었다.

베다니가 예루살렘성에서 가깝긴 해도 그렇게 큰 마을은 아니어서 사람이 많이 살진 않았다. 그런데도 이렇게나 많은 사람이 있는 것은 멀리서 유월절 명절을 지키려고 온 사람들이 섞여 있었기 때문이었다. 이들은 마을 사람들의 친척이나 친구들이었다. 그리고 예루살렘성안에서 숙소를 구하지 못한 가난한 사람들도 있었다. 명절을 지키러 오는 순례자들에게 숙소를 공짜로 제공하는 것을 미덕으로 알던 시대는 이미 지나갔다. 요령이 있는 사람들은 성안의 공터에 천막을 치고 거하기도 했지만, 그것보다는 차라리 성에서 가까운 농촌 마을에 숙소를 정하는 것이 더 나았다.

이런 사정을 전혀 모른 채 사람들과 뒤섞여 걷던 잇도는 아차 하는 순간에 사람들로 가득한 마당까지 밀려갔다. 순식간에 앞뒤로 가득한 사람들 사이에 갇혀 버린 것이다.

눈치껏 사람들 뒤를 따라 걷다가 살짝 샛길로 빠져나가려던 계획이 무산된 순간이었다. 잇도는 살금살금 뒷걸음질을 쳐 보았지만, 그에게 발을 밟힌 사람들이 여기저기서 고함을 쳐댔다.

"아야! 도대체 누구 나귀야?"

"어라?

못 보던 나귀네? 손님이 타고 온 나귀인가?"

"거 누가 나귀 좀 붙들어요. 아이가 밟히기라도 하면 어떻게 해요?"

잇도는 고개를 푹 숙이고 가만히 있을 수밖에 없었다. 사람들이 그가 도망친 나귀라는 것을 알아채지 못한 것만 해도 다행이었다.

"나오셨다! 보라고. 그분이 나오셨어."

"저 사람들은 뭐야?

저분 제자들인가? 많기도 하네?"

"저기 저 남자하고 그 옆에 여자들 보이지?

저 사람들이 바로 나사로와 그 동생들이야."

"어머! 저 사람이 죽었다가 살아났다는 사람이라고요? 전 작은 아버지가 농담하시는 줄 알았어요."

갑자기 사람들이 웅성거렸다. 그리고 조금씩 앞으로 더 가려고 미는 바람에 잇도도 주춤주춤 떠밀리며 나아갈 수밖에 없었다. 그 바람에 잇도는 자기 앞에 있는 사람의 등에다 머리를 박았다. 그 사람이 신경질적으로 고개를 휙 돌렸다.

그 순간 진한 포도주 냄새가 확 풍겼다.

"어허! 누가 이렇게 밀어대는 거야!

좀 조심하라고!"

귀에 익은 소리에 잇도는 자신도 모르게 고개를 번쩍 들었다가 그 사람과 눈이 마주쳤다.

"어라? 어디서 많이 본 나귄데?"

"여보. 좀 조용히 해요."

"이봐. 그게 아니라, 이 나귀를 좀 보라고.

이거 혹시 요셉의 나귀 아냐?"

"그런 것 같아요. 아버지. 여기 옆구리에 길게 그

어진 흉터가 있잖아요. 요셉 아저씨가 이 나귀가 배에서 떨어질 때 난 상처라고 했어요.”

잇도는 눈을 질끈 감았다. '하필 이 사람들이 여기에 있다니!' 그가 속으로 부르짖었다.

그들은 바로 아므람 가족이었다.

나사로의 집에 머무르는 손님과 그의 제자들은 어제저녁 안식일이 시작되던 황혼녘에 베다니로 왔다. 그들은 아마도 안식일 전에 도착하려고 유대 산지 길을 부지런히 걸었으리라.

그는 비록 조용히 나타났지만 다음 날 아침이 되자 어떻게 알았는지 그가 마을에 있다는 소문이 아침 해가 떠올라 온 세상에 다 비취는 것처럼 베다니뿐만 아니라 벳바게까지 떠들썩하게 났다.

사람들은 그를 보기 위해 몰려들었고, 마침내 벳바게의 마을 사람들과 더불어 아므람네 식구들까지 나사로의 집에 찾아왔던 것이다.

동물들이 생각하는 것과는 달리 자신이 눈을 감았다고 해서 눈앞에 사람들이 없어지는 것은 아니었다. 갑자기 억센 손이 그의 목덜미의 짧고 뻣뻣한 갈기를 움켜잡자 상당히 아팠다.

큰 결심으로 시작한 자유로운 삶인데 불과 하룻밤의 모험으로 끝낼 수는 없었다. 잇도는 두 눈을 부릅뜨고 고개를 좌우로 흔들면서 격렬하게 저항했다. 아므람은 잡았던 갈기를 놓쳤다.

"말론, 넌 뒤로 돌아가서 이놈의 꼬리를 잡아라. 뒷발에 차이지 않게 조심하고."

아므람이 다시 나귀의 목을 끌어안을 준비를 하며 자세를 낮추었다.

잇도는 매우 당황했지만, 사람들이 겹겹이 둘러싸고 있어서 몸을 돌려 달아날 수도 없었다. 그저 눈앞의 아므람을 노려보면서 콧김을 뿜어낼 뿐이었다. 그러다 아므람이 그의 목을 붙잡으려고 달려들자 그도 허연 이빨을 드러내며 그의 손을 물려고 했다.

그때 꼬리에 지독한 통증이 느껴졌다. 그는 생각할 겨를도 없이 반사적으로 있는 힘껏 뒷발질했다.

"으악!"

커다란 비명이 안식일을 뒤흔들었다.

"말론!"

수아가 베옷이 길게 찢어지는 것 같은 소리로 아들의 이름을 불렀다. 사람들이 넘어지고 구르면서 뒤로 물러났다. 그들이 빠져나간 공간에 아이가 땅에 널브러져 있는 것이 보였다.

아므람은 두 팔로 나귀의 목을 꼭 조여 안은 채 아들의 이름을 불렀다.

"말론, 뒷발을 잡아! 이놈을 쓰러뜨려야 한다."

하지만 아이는 대답이 없었다.

"말론?"

아므람의 손이 느슨해진 틈을 타서 잇도는 다시 한 번 고개를 좌우로 크게 흔들면서 발버둥을 쳤다.

그리고 억센 손아귀에서 벗어나자마자 사람들 사이로 뛰어들었다. 비명을 지르며 사방으로 도망가는 사람들 사이로 빠져나갈 길을 찾으려고 무던히 애를 썼다.

그는 흥분으로 미칠 것만 같았다. 다시 칼과 칼이 맞부딪히던 전쟁터 한복판에 서 있는 것만 같았다.

갑자기 눈앞에 작은 여자아이가 서 있는 것이 보였다. 도저히 피할 수가 없었다.

본래 나귀는 높이 뛰는 일이 잘 없지만, 지금은 어쩔 수 없는 상황인지라 있는 힘껏 뛰어올랐다. 다른 방법이 없었기 때문이었다. 아슬아슬 아이의 머리를 타넘었다.

그러나 그가 땅에 내려설 때 발을 내디딘 곳에 작은 웅덩이가 파여 있었고, 그의 앞발 두 개가 모두 그 파인 땅에 걸리면서 양쪽 발목이 접힌 채 바닥에 처박혔다. 지독한 통증이 발목을 타고 올라와 뇌를 때렸다. 그는 일어서려고 안간힘을 다했다. 그러나 일어설 수가 없었다. 두 발목이 모두 부러졌다.

엄청난 혼란이었다.

이리저리 도망치느라 피어 올린 뿌연 먼지 속에서 사람들이 질러대는 비명이 들렸다. 그때 그분이 자리에서 일어서셨다. 제자들도 모두 나섰다. 나사로와 누이들도 그분의 뒤를 따랐다. 그들은 땅에 주저 앉아 있는 사람들을 붙잡아서 일으켜 세웠다. 단순히 놀라 주저앉은 것이 아니라 부딪히고 넘어져서 다친 사람이 있으면 그 곁에 머물렀다. 그러면 그분이 오셔서 만져주셨고, 신기하게도 못 일어나던 사람들이 벌떡 일어섰다.

점차 혼란이 가라앉았다. 사람들은 고요히 그분과 그분의 제자들이 하는 일을 지켜보았다.

참으로 친절한 손길이었다. 다정한 눈빛이었고 부드러운 목소리였다.

먼지 속을 뒹굴던 사람들이 하나씩 하나씩 일어서면서 마침내 바닥에 남겨진 것은 아이 한 명과 나귀 한 마리뿐이었다.

말론은 갈비뼈가 부러졌는지 숨을 제대로 쉬지 못하고 있었다. 수아가 그저 자기 무릎에 아이의 머리를 받쳐놓고 울부짖었고, 바닥에 주저앉아 있는 아므람은 핏발이 선 눈으로 이 상황을 이해하려고 애를 썼다. 그리고 조금 떨어진 곳에서는 쓰러져 있는 나귀가 일어서려고 앞발을 디뎠다가 넘어지기를 반복하고 있었다.

그분이 먼저 나귀에게로 다가갔다. 핏발이 선 눈으로 멍하니 바라보던 아므람이 소리쳤다.

"그놈을 그냥 두쇼!

내 그놈을 두 동강을 내 버릴 테니!"

그러나 그분은 아랑곳하지 않고 나귀에게로 다가갔다. 일어서기를 포기했는지 바닥에 웅크리고 있던 나귀가 그분을 향해 입을 벌렸다. 부글부글 거품이 이는 침이 턱을 타고 흘렀다.

그분이 나귀를 향해 손을 내밀자 사람들은 나귀가 그의 손을 물어뜯을 것만 같아 마음을 졸였다. 그러나 그분의 손이 천천히 나귀의 머리를 쓰다듬을 때까지 나귀는 아무 짓도 하지 않았다. 그저 부러진 발목에서 오는 고통이 끔찍한지 몸을 덜덜 떨고 있을 뿐이었다.

잇도는 자신에게 다가오는 분을 노려보고 있었다. 그분이 손을 내밀 때까지만 해도 저 손을 물어뜯으

려고 했다. 그러나 그분과 눈이 마주치자 그러지 못
했다. 그것은 그가 단 한 번도 받아 본 적이 없는 부
드럽고 친절한 눈빛이었다. 자신과 교감을 나누던
요셉도 결코 저런 눈빛으로 자신을 본 적은 없었다.

그것은 잇도 본인보다 더 온전하게 그를 이해해
주는 자만이 보여줄 수 있는 눈빛이었다. 그의 손길
은 또 얼마나 부드러운가! 자신의 머리를 쓰다듬는
손길을 따라 그의 뇌리를 사로잡고 있던 불안, 초조
함, 혼란이 쓸려나갔다. 그리고 그 뒤를 따라 그의
마음에 응어리져 있던 요셉에 대한 배신감과 분노
가 쓸려나갔다.

그리고 부모의 존재조차도 제대로 기억하지 못하
는 버림받은 나귀로 태어나서 이 사람, 저 사람의
손에 팔려 다녔던 자기 자신에 대한 수치심이 쓸려
나갔다. 그것은 그 자신도 몰랐던 것이었기에 더욱
더 당황스러웠다.

잇도는 눈으로 그에게 물었다.

"당신은 누구십니까?"

"나는 너의 참 주인이다!"

그분이 눈으로 대답하셨다.

잇도의 눈에서 눈물이 흘러나왔다. 그리고 그분의 눈도 촉촉하게 물기를 머금은 듯했다.

그분이 바닥에 무릎을 꿇었다. 그리고 잇도의 발목을 두 손으로 감싸 안으셨다. 부러진 두 앞발이 모두 그분의 가슴에 안겼다. 잇도는 그분이 자신의 부러진 발목을 고쳐주시려 한다는 것을 알았다.

그는 지금까지 발목이 부러졌다 다시 회복된 나귀를 본 적이 없었기에 도저히 믿기지 않았지만 정말 그렇게 느껴졌다.

그때 아므람이 소리쳤다.

"예수! 당신은 절대 그 나귀를 고칠 수 없어. 오늘은 안식일이야. 당신이 그 나귀를 고쳐준다면 그것은 안식일을 범하는 일이라고."

'예수! 이분의 이름이 예수시구나. 예수가 나의 참 주인이시구나.' 잇도는 주인의 이름을 알게 되어서 기뻤다. 아므람이 어떤 말을 해도 이분과 함께 있으니 별로 신경이 쓰이지도 않았다. 그리고 이분도 마찬가지인 것 같았다.

예수는 가슴에 안은 부러진 발목에 한 손을 얹었다. 따뜻하고 부드러운 기운이 그 손길을 따라 발목으로 스며들었다. 그러면서 그의 마음속에 참 주인의 음성이 들려왔다.

"너의 주인인 요셉에게로 돌아가라. 그도 참 주인을 만나야만 한단다. 며칠 후에 내가 너희 집으로 찾아가리라. 너의 주인도 가짜 주인에게 종살이하는 삶으로부터 내가 해방시켜 주리라."

예수가 조용히 두 발을 내려놓고 일어서자 잇도도 벌떡 일어났다. 부러진 발목에 통증이 전혀 느껴지지 않았다. 오히려 한없이 달려도 끄떡없을 만큼 더 튼튼하고 강해진 것만 같았다. 그는 그와 마주 선 예수의 눈을 들여다보았다. 그는 그분의 눈 속에서 자신이 품었던 질문에 대한 답을 발견했다. 간밤에 참 주인을 찾으며 죽어갔던 마길의 기도가 응답되었다는 것을. 그리고 노아와 어린 베렉을 해방할 자

는 자신이 아니라 바로 이분이라는 것을.

잇도는 조용히 예수에게 머리를 숙여 경배를 드렸다. 앞다리를 좌우로 벌리고 무릎을 꺾은 다음 고개를 바닥에 대는 것은 나귀가 할 수 있는 최대의 경의였다. 그 모습에 둘러서서 지켜보던 사람들조차 감탄을 금치 못했다. 아므람도 간밤에 마신 포도주가 아직 덜 깨서 헛것을 보는 것이 아닌가 하는 생각을 할 정도였다.

"가라!"

그분의 음성이 들렸다. 잇도는 천천히 예루살렘을 향해 걸었다. 사람들은 아무도 그를 잡지 않았다. 그저 물끄러미 바라볼 뿐이었다.

아므람이 악을 썼다.

"난 저놈을 이대로 못 보내! 내가 저놈을 요절을 내 버릴 것이야!"

"여보, 제발! 말론이 죽어가고 있어요!"

수아의 울부짖음에 술에 절어 감정을 조절하지 못하는 아므람도 비로소 상황판단이 된 듯했다.

그가 무너지듯이 아들의 곁에 주저앉았다. 굵은 눈물이 뚝뚝 떨어져 내렸다.

"제발, 예수님. 제발!"

수아가 이번에는 예수를 향해 애원했다.

"제발. 제발. 제발."

아므람이 고개를 들지도 못한 채 눈물만 뚝뚝 떨어뜨리며 중얼거렸다. 눈물로 흐릿한 그의 눈앞에 낡은 가죽끈으로 붙들어 맨 샌달을 신고 있는 발이 보였다. 그리고 그 발의 임자가 몸을 낮추자 그의 무릎, 그의 몸, 그리고 그의 손이 보였다. 그 손이 헐떡이던 숨소리마저 줄어들고 있던 아이의 머리에 얹어졌다.

"내가 원하노니 아이야 일어나라."

한없이 부드러운 그분의 음성이 울려 퍼졌다. 그 순간 아이가 '흐읍, 후우, 흐읍, 후우' 크게 두 번의 숨을 깊게 마셨다가 뱉었다.

예수가 말론의 손을 잡아 일으키자 아이가 벌떡 일어섰다.

"우와! 아이가 일어났다."

"살았다. 살았어."

"예수! 예수! 최고다!"

사람들이 박수를 치고 함성을 질렀다. 이날은 안식일에는 절대 해서는 안 되는 일들이 많이 벌어진 날이었다. 순박한 시골 마을이었으니 망정이지 만약 경건한 유대인을 자처하는 예루살렘성 사람들이 봤다면 크게 나무랄 일이었다. 하지만 지금 여기서는 사람이든 나귀든 생명이 치유되고 회복되었다는 사실에 환호하는 사람들 사이에서 순수한 기쁨만이 넘쳐흘렀다. 어쩌면 이것이 진정한 안식일이리라. 생명의 치유와 회복을 다 함께 기뻐하고 축하하는 날로서 말이다.

"아므람 아저씨, 일어나세요."

"수아 아주머니도 일어나세요."

나사로의 동생들인 마르다와 마리아가 다가와서

아므람과 수아를 부축해서 일으켜주었다. 아므람이
떨리는 목소리로 물었다.

"예수! 도대체 저 예수라는 분이 누구냐?"

"저분은 하나님의 아들이시고 저와 아저씨의 참
주인이십니다. 예수는 메시아이십니다."

죽었다가 살아났다는 나사로가 빙긋 미소를 지으
며 대답했다.

마을을 거의 다 빠져나가던 잇도는 뒤에서 들려오
는 함성을 들었다. 그러나 그는 뒤를 돌아보지는 않
았다. 그분이 자신에게 했던 그런 일을 다른 사람에
게도 했을 것으로 생각했다.

그는 부지런히 걸어 벳바게에 들어섰다. 하지만
애초의 계획과는 달리 노아와 베렉에게 들리지 않
았다. 그럴 필요가 없었다. 예수가 직접 그들에게
가실 것이기 때문이었다. 그는 그 마을마저 벗어나
자 달리기 시작했다. 언제 부러졌나 싶게 발목에 힘
이 넘쳤다. 그는 그렇게 요셉에게로 돌아가고 있었
다. 요셉이 그의 주인이라서가 아니었다.

그분의 말씀처럼 요셉에게도 참 주인이 필요하기 때문이었다.

예수가 그에게 부탁한 일이 바로 그것이었다.

옛 주인에게 돌아가서 그에게 참주인이 오셨다는 것을 알게 하는 것, 그래서 그도 예수를 그의 진정한 주인으로 맞아들이도록 돕는 것이었다. 그 일을 어떻게 할 수 있을지는 걱정할 필요가 없었다. 그것은 자신의 일이 아니라 그분의 일이기 때문이었다. 지금 그의 일은 참된 주인의 명령대로 요셉에게로 돌아가는 것뿐이었다.

그가 성에 들어설 때 나팔 소리가 은은하게 울려 퍼졌다. 안식일이 끝난 것이다. 사람들이 거리에 쏟아져 나왔다. 이제는 유월절이 일주일도 채 남지 않

은 상황이라 거리마다 골목마다 순례객들이 넘쳐났다. 그들은 안식일이 끝났으니 늦은 저녁 시간

이라도 성의 곳곳을 돌아보고 싶어 했다.

고삐도 없고 안장도 없는 나귀가 홀로 예루살렘성을 돌아다니는 것이 이상할 만도 하건만 사람들은 각자의 일들로 바쁜지 아무도 관심을 기울이지 않았다. 잠시 사람들에게 밀려가던 잇도는 마침내 큰길에서 벗어나 작은 골목길로 접어들었다.

'다각다각' 나귀 발의 편자 소리가 경쾌하게 골목길을 울렸다. 불과 며칠 전에는 요셉과 함께 걷던 바로 그 길이었다.

6장
그분이 우리 모두의 주인이시다

잇도가 골목의 끝 집에 가까이 왔을 때였다.
잇도는 굳게 닫혀 있으리라 예상했던 그 집의 대문이 활짝 열려 있는 것을 보았다.

그리고 그 집 앞에 한 중년 남자가 힘없이 주저앉아 있는 것도 보였다. '다각 다가각' 편자 소리가 높아지고 빨라졌다. '다가각 다가각 다각 다가각' 잇도는 자신도 모르게 눈물이 났다. 그 집 앞 중년 남자가 벌떡 일어나서 그에게로 달려오고 있었다.

활짝 벌린 두 팔 사이에 자리 잡은 그 남자의 얼굴이 두 눈에 가득 담겼다.

요셉은 골목 안에서 거칠게 나귀의 목을 끌어안았

다. 이놈이 이렇게도 보고 싶었을 줄은 그 자신도 몰랐었다. 요셉의 기쁨은 말로 다 할 수가 없을 정도였다.

그때 골목 어귀에 또 한 무리의 사람들이 수레를 끌고 나타났다. 그들은 죽은 나귀의 사체를 처리하는 도축 업자들이었다. 그들은 제사장이 성전 꼭대기에서 안식일이 끝났음을 알리는 나팔을 불 때까지 기다렸다가 비로소 일을 시작하기 위해 나타난 것이었다.

요셉은 한 편에는 가출했다 돌아온 자기 나귀를 몰고 다른 한 편으로는 나귀 도축 업자들을 이끈 채 집 안으로 들어갔다.

"로데, 누님을 모셔 오너라. 죽은 나귀를 어떻게 처리할 것인지 이분들에게 말해주어야 하니까."

"저, 미리 말씀드리지만 늙은 나귀는 고기로서도 별로고 가죽도 형편없으니 좋은 값을 쳐드릴 수가 없습니다."

"글쎄, 그런 부분들은 나귀 주인과 직접 의논하

시는 것이 좋겠소."

　사람들은 혹시라도 주검을 만지는 자들과 접촉하지 않기 위해 조심하고 또 조심했다. 그래서 도축업자들은 꼭 필요한 일을 함에도 항상 사람들의 경계의 대상이 됐다.

　현실이 그렇다보니 친절한 태도가 몸에 밴 요셉조차도 자신도 모르게 퉁명하게 대하고 있었다. 아무튼, 죽은 나귀가 빨리 처리되어야 자기 나귀가 더는 불안해하지 않을 것으로 생각해서 조바심이 나기는 했다.

　"저는 이 나귀를 팔지 않겠습니다."

　마리아가 단호하게 선언하자 도축 업자들이 매우 놀랐다.

　"예? 저희는 키프로스 회당의 회당장님께로부터 특별히 잘 해드리라는 신신당부를 받고 왔습니다. 저희는 비록 천한 일을 하고 있지만 정직하게 하고 있다고 자부하고 있습니다."

　"제가 여러분을 신용하지 못해서가 아닙니다. 다

만 이 나귀가 저에게 얼마나 특별한 의미가 있는 나귀였는지를 이제야 깨달았기 때문입니다."

도축 업자들은 도대체 이 중년 부인이 무슨 말을 하는 것인지 이해할 수가 없었다.

"저, 죽은 나귀를 직접 처리하시기가 쉽지 않으실 텐데요? 저희가 이대로 돌아가도 괜찮겠습니까?"

"아닙니다. 저 나귀의 처리는 여러분께 맡기겠습니다. 제 말은 저 나귀를 파는 것이 아니라 처리를 부탁하겠다는 것입니다. 제가 여러분이 원하시는 만큼 수수료를 드리겠습니다. 대신 저 나귀의 가죽을 잘 손질해서 저에게 돌려주시면 좋겠습니다."

"글쎄요. 저희야 그런 편이 더 좋긴 합니다만, 제가 살펴본 바로는 너무 늙은 나귀여서 가죽의 품질이 좋지 않습니다. 도대체 어디에다 쓰려고 하시는지 원."

그렇게 도축 업자들과의 계약이 일단락되었다.

그들은 가죽 손질이 마무리되면 다시 배달해 주겠

다는 약속을 남긴 채 끌고 온 수레에 죽은 나귀를
싣고 떠나갔다.

　곁에서 자기 나귀와 함께 모든 과정을 지켜본 요
셉이 조용히 마리아에게 물었다.

　"누님. 저 나귀의 가죽을 가지고 뭘 하려고 하시
는 건지 물어봐도 되겠습니까?"

　"호호. 동생 눈에도 내가 이상하게 보였나 보네.
사실 별것은 아니야. 난 저 나귀의 가죽으로 작은
소고를 만들려고 해. 테두리에 둘러가며 작은 쇳조
각들을 달아놓은 그런 북 말이야. 왜 너도 기억하
지? 내가 어릴 때 가지고 놀던 그 작은 북!"

"아, 기억납니다. 누님이 아끼던 건데 그거 망가져서 버리지 않았나요?"

"버린 것은 아냐. 잃어버린 것이지."

"그런데 왜 지금 그걸 다시 만들려고 하시는 겁니까?"

"어릴 때 난 슬프고 외로울 때마다 그 북을 둥둥 울리면 기분이 좋아지곤 했어. 그런데 그 북을 잃어버리고 몇 날 며칠을 울었는지 몰라. 그때 아버지가 내 여덟 살 생일을 맞아 마침 그날 밤에 태어난 새끼 나귀를 나에게 선물로 주셨어. 그날 이후로 난 그 나귀와 나의 기쁨과 슬픔을 모두 나누며 지냈어. 마치 나에게는 그 나귀가 살아있는 북과도 같았어."

"그러고 보니까 누님하고 죽은 나귀하고 생일이 같군요?"

"그래, 그래서 더 그 나귀가 좋았어. 그런데 남편이 죽고 나자 모두가 날 떠나갈 것만 같아서 두려웠어. 저 나귀도 언젠가 죽고 없어질 것으로 생각하니 끔찍했어. 나에게 남은 것은 오직 어린 아들뿐이라고 생각했었지."

"그런데 이제는 죽은 나귀의 가죽으로 북을 만드신다고요?"

"이상하지? 그냥 그런 생각이 들었어. 잃어버린 북 대신 나귀가 생겼으니 이제는 죽은 나귀 대신 북을 만들면 어떨까 하는 생각. 난 가끔이라도 그 북을 탱탱 치며 노래를 불러볼 생각이야. 그러면 가죽을 두드리는 소리와 작은 쇳조각들이 찰랑찰랑 거리는 소리가 아주 예쁠 거야. 흑흑, 흑흑흑."

갑자기 마리아가 흐느끼며 울기 시작하자 요셉이 당황했다.

"누님, 왜 우세요? 괜찮으세요?"

"저 나귀는 나와 40년을 함께 했어. 일찍 죽은 남편보다도 더 오래 나와 함께 해 주었다고. 흑흑. 그런데 이제 그 녀석마저 떠나고 없는걸? 흑흑."

"그래요. 누님. 북을 만듭시다. 아예 한 개가 아니라 여러 개를 만들어서 저도 하나 쓰고 요한이도 주고, 그리고 요한이 놈이 장가가서 자식들을 낳으면 그 녀석들에게도 나눠줍시다. 그러면 모두가 그 북을 두들기며 노래를 불러댈 테니 그때가 되면 이 집이 예루살렘에서 가장 시끄러운 집이 되겠네요. 허허허."

요셉은 흐느끼는 마리아의 어깨를 감싸 안았다.

누님의 외로운 인생이 느껴졌다. 그것은 주인 없는 빈집처럼 껍데기만 남은 인생이었다.

잇도는 주인을 잃은 빈 마구간을 홀로 차지하고 밤을 지새웠다. 꽤 덩치가 큰 편인 그였지만 혼자 마구간을 쓰려니 왠지 텅 빈 것처럼 허전해서 잠을 이루지 못했다.

지금이라도 작은 쇳조각들을 흔들어대는 것처럼 높은 음색으로 껄껄거리던 마길의 웃음소리가 들려올 것만 같았다. 그는 상상 속에서 그 웃음소리를 들으며 그저 바닥에 배를 대고 엎드려서 눈만 끔벅대고 있었다.

'후, 주인님이 이 집에 오신다는 소식을 전하라고 했는데 내가 무슨 수로 하냐고? 내가 위대한 암나귀 하눈도 아니고 말이야.'

그는 부러졌던 앞발을 혀로 핥아 보았다. 거친 털들이 가지런해지면서 윤기가 반짝거렸다. 전날 체험한 기적이 꿈만 같았다. 하지만 그는 그 일이 결코 꿈이 아니며 그 일로 인해 그 자신의 여생은 영원히 변했다는 것을 알고 있었다.

'일단 한 번 사람들 앞에서 "진짜 주인을 영접하시오!"라고 소리를 질러볼까? 그러면 혹시 또 기적이 일어나면서 사람들이 내 말을 알아들을지도 모르잖아? 가만, 그럼 내가 제2의 하눈처럼 위대한 예언자 나귀가 되는 건가? 그것도 괜찮겠는데?'

잇도는 다시 고개를 바닥에 대고 누웠다. 자세를 바꾸면서 침을 발라 윤기를 냈던 앞발에 바닥의 먼지가 달라붙었다.

'이럴 줄 알았으면 그때 예수님에게 자세히 물어봤어야 하는 건데. 도대체 언제 어떻게 오실 건지,

그리고 난 무엇을 어떻게 해야 하는 건지 말이야.

그저 '가라!'라고 말씀하셨다고 무작정 달려와 버렸으니 나도 참.'

아무리 궁리를 해도 모르는 것은 모르는 것이었고 할 수 없는 것은 할 수 없었다. 이럴 땐 고민에만 빠져 있는 것보다는 뭐라도 할 수 있는 것을 하는 것이 나았다. 든든히 아침밥을 먹고 하루를 잘 살아갈 궁리를 하는 것도 중요한 일이니까. 오늘도 새로운 아침 해가 떴고 그 자신도 어제의 잇도가 아닌 것만은 분명했다.

요셉은 나귀 걱정이 돼서 마구간에 들려보았다.

죽은 나귀에 대한 충격으로 가출까지 했던 나귀였다. 용케 스스로 집을 찾아오긴 했지만 그래도 하룻밤 새 또 무슨 일이 있지는 않았는지 확인해봐야 했다. 다행히 나귀는 잘 있었다.

그가 마구간에 나타나자 게으른 모습으로 바닥을

뒹굴던 녀석이 벌떡 일어나서 그에게 다가왔다. 그리고 마치 무슨 할 말이 있는 것처럼 고개를 까닥까닥하면서 '끼이끼이'하고 울었다. 그 모습이 하도 진지해서 우습기도 했지만 그래도 주인이라고 저렇게 반기는 것으로 생각하니 기특하기도 했다.

"허허. 이 녀석. 잘 잤느냐? 마구간이 답답하지? 어떠냐? 같이 산책이라도 하지 않겠느냐?"

요셉도 진지하게 나귀의 의견을 물었다. 평소에도 자주 나귀에게 말을 걸었던 그였지만 그동안은 나귀가 대답할 것에 대한 기대감이 전혀 없는 혼잣말에 불과했다면 지금은 나귀의 표정까지 살펴가면서 물어본 것이었다. 스스로 생각해도 웃긴 일이었지만 왠지 이 나귀가 자기의 말을 알아듣는 것만 같았다. 어쩌면 처음부터 자기의 말을 알아들었는데 그동안 눈치채지 못했던 것인지도 모르겠다는 생각도 들었다.

요셉이 나귀에게 고삐를 묶어주고 함께 대문 앞에 섰을 때 갑자기 밖에서 큰 함성이 들려왔다. 많은 사람이 환호하는 소리였다. 요셉은 고개를 갸웃했다. 전에 이런 소리를 몇 번 들어본 적이 있었다. 키프로스의 수도인 파포스 광장을 가득 메웠던 시민들이 총독의 연설이 끝나면 큰 함성을 외치곤 했었는데 그때와 비슷한 소리였다. 하지만 예루살렘에서 그런 소리를 듣는다는 것은 이상한 일이었다. 물론 이곳에도 로마가 임명한 헤롯왕이 다스리고 있지만, 예루살렘의 시민들은 정통 유대인 출신이 아닌 헤롯왕에게 저런 함성과 존경을 표하지 않기 때문이었다. 아마 로마의 황제가 왔다고 해도 저런 열렬한 환영을 받지는 못할 것이 분명했다.

그때 대문이 벌컥 열리며 요한이 뛰어 들어왔다. 그리고 그의 뒤를 따라 좀 더 크고 분명한 함성이 열린 문을 통해 들려왔다.

'호산나, 호산나, 다윗의 자손', 요셉이 함성 속에서 알아들었던 몇 마디 단어였다.

"삼촌! 굉장해요. 길에 사람들이 가득해요.

그분이 오시고 있거든요. 그분이요."

"도대체 무슨 일인데 그렇게 소리치고 난리가 났느냐?"

요셉이 입을 열기도 전에 안채에서 마당으로 내려서던 마리아가 아들에게 물었다.

"어머니! 예수에요. 예수가 지금 예루살렘성으로 오시고 계세요."

"전에 네가 메시아라고 말했던 그분?"

"그래요. 삼촌. 그분이 지금 이곳으로 오시고 계세요. 이제 메시아의 나라를 시작하려고 하는 것이 분명해요. 사람들이 흥분해서 그분을 환영하려고 미친 듯이 뛰어가고 있어요. 어머니, 삼촌. 우리도 빨리 가요. 빨리 가서 그분을 만나봐죠."

마리아는 침착하게 에스텔을 불러서 자기들이 나가 있는 동안 집을 잘 돌아볼 것을 지시했다. 눈치가 빠른 로데는 벌써 마리아의 곁에 붙어 서서 당장이라도 모시고 나갈 태세였으니 따로 할 말이 없었다. 요셉은 나귀의 고삐를 단단히 잡았다. 갑자기 뛰어들어온 요한 때문에 놀랐는지 아니면 다른 이유가 있는지 모르겠지만, 이 나귀가 아까부터 이상하게 몸을 떨고 고개를 흔들며 '히힝' 거렸기 때문이었다. 어차피 함께 산책이나 할 작정으로 고삐까지 땄으니 이대로 데리고 갈 생각이었다. 다들 나름대로 열심히 외출 준비를 한 셈인데 조바심이 난 요한이 빨리 가자고 계속 성화를 부렸다.

엄청난 함성이었다.

축제의 열기에 들뜬 아이들이 길거리를 이리저리 뛰어다니고 있었고 어른들은 길가에 자라고 있는 종려나무와 올리브나무의 생가지들을 잘라서 흔들어대고 있었다. 초록색 이파리들이 파륵, 파르륵 물결치는 가운데 그들은 합창하듯이 한 목소리로 크게 외쳤고 때로는 여러 찬양대가 매기고 받듯이 함성을 주고받았다.

"호산나! 다윗의 자손이여!"

"구원하소서! 주님이시여!"

"복되다! 다윗의 나라여!"

"샬롬, 하늘이여! 영광, 하나님의 나라여!"

흥분한 요한도 고래고래 소리를 질러댔다. 항상 차분한 분위기를 유지하던 마리아로서는 이런 아들의 모습이 낯설었는지 머리에 두른 검은 천이 흘러내리는 줄도 모르고 요한의 얼굴만 멍하니 쳐다보고 있었다.

요셉은 어린 로데가 사람들 사이에서 다칠까 염려가 되어서 번쩍 안아서 나귀의 등에 태웠다.

"저기 보세요! 저기 와요!"

로데가 나귀의 등에서 성의 입구를 가리키며 외쳤다. 모두의 시선이 아이가 가리키는 곳을 향해 휙 돌아갔다. 로데를 태우고 있던 나귀의 머리도 성의 입구를 향해 돌려졌다. 정말 그곳에 그분이 오고 계셨다.

잇도는 그분을 보았다. 예수가 성문을 통과하고 있었다. 그와 눈을 맞추며 '내가 너의 참 주인이다!' 라고 속삭이시던 그분이었다. 부러진 그의 앞발을 자기 가슴에 안고 생명의 기운을 불어넣어 치료해 주시던 그분이었다. '내가 너의 주인이 되었듯이 노아와 베렉의 주인이 되어 줄 것이며 요셉의 주인도 되어 주겠다.' 약속하시던 그분이었다. 그리고 '가라! 가서 너의 주인을 섬기며 그에게 나를 전하라!' 명령하시던 그분이었다.

오직 이 세상에 예수와 자기 자신, 단둘만이 존재하고 있는 것 같았다.

예수는 아직 저 멀리서 오고 있었지만 잇도의 눈에는 그분의 얼굴이, 그리고 그를 똑바로 바라보고 계시는 그분의 두 눈이 코앞에 있는 것처럼 크고 분명하게 보였다. '잇도! 보아라. 약속대로 내가 베렉의 참 주인이 되었다.' 고요하고도 고요한 가운데 오직 그분의 음성만이 부드러운 봄바람처럼, 아니 폭풍우 가운데 천둥소리처럼 그의 귓전을 때렸다.

그리고 잇도는 예수를 태우고 힘겹게 한발, 한발 옮기며 걷고 있는 어린 나귀 베렉을 보았다. 이 세상에 태어나서 단 한 번도 그 무엇도, 그 누구도 자신의 등에 태워보지 않았음에도 불구하고 이미 나귀로 태어난 것에 절망하고 있던 그 나귀였다. 그런 베렉이 등에 사람을 태우고 구슬 같은 땀을 흘리며 한발 한발, 힘겹게 걸음을 내디디고 있었다.

잇도는 뱃속에서부터 목구멍까지 차오르는 벅찬 감동에 온몸이 부르르 떨렸다. 마길이 사람과 나귀 모두에게 전해지는 예언이라며 들려주던 사가랴의 예언이 생각났다.

"도성 시온아, 크게 기뻐하여라. 도성 예루살렘아, 환성을 올려라. 네 왕이 네게로 오신다.

그는 공의로우신 왕, 구원을 베푸시는 왕이시다. 그는 온순하셔서, 나귀 곧 나귀 새끼인 어린 나귀를 타고 오신다."

모든 사람과 모든 나귀의 주인이 저 비천하고 어린아이를 자신의 위대한 공의와 구원을 선포하는 자리에 초청하셨고 주인의 영광을 함께 나누셨다.

잇도는 베렉의 온몸에서 빛이 뿜어져 나오고 있는 것을 보았다. 잇도는 자신의 사명을 깨달았다. 그것은 이일을 대대로 나귀들에게 전해주는 증인이 되는 것이다. 바로 모든 사람과 모든 나귀에게 구원을 베푸시는 참 주인이 있다는 것을 증언하는 것이다.

'내가 며칠이 못 되어서 요셉의 참 주인이 되기 위해 마리아의 집으로 갈 것이다.' 그가 전해야 하는 그분의 음성은 계속되고 있었다.

깊은 바다에서 빠져나온 것처럼 잇도의 귓가에 예루살렘성을 가득 채우고 있는 거대한 함성이 다시 울려 퍼졌다. '호산나', '호산나'하는 소리가 잇도의 고막을 뚫어버릴 듯이 크게 들려왔다.

요셉은 일행의 바로 앞을 지나고 있는 예수가 낡아서 빛이 바랜 옷을 걸치고 계신 것을 똑똑히 보았다. 그분의 뒤를 따라 걷고 있는 사람들도 허름하기는 마찬가지였다. 왕을 맞이하듯 열광하는 사람들의 함성과 예수 일행의 초라함은 이것이 동일한 사건이라는 것을 도저히 믿기가 어려울 정도로 어울리지 않았다. 여기에 초라함을 더하는 것이 바로 비지땀으로 번들거리는 몸, 후들후들 간신히 걷는 다리, 자꾸 아래로 처박히는 고개를 꼿꼿이 세우려고 애를 쓰느라 헐떡이고 있는 어린 나귀였다.

그러나 어린 나귀의 얼굴에는 자기 주인을 모시고 가고 있음에 대한 누구도 빼앗을 수 없는 거대한 자부심이 어려 있었다.

요셉은 자기가 혹시 잘못 보지는 않았나 싶어서 눈을 비비며 다시 보았다. 아무리 보고 다시 봐도 입을 벌리고 헉헉대는 어린 나귀의 얼굴에 강한 자부심이 어려 있음이 분명하게 느껴졌다.

그리고 요셉은 그의 눈만이 아니라 그의 귀도 잘 못된 것이 아닐까 하는 걱정이 들었다. 옆에서 '히힝' 거리는 나귀의 소리가 사람의 말처럼 들렸다.

"힘내라, 베렉! 주인님이 원하는 곳까지 멈추지 말고 가라! 아자!"

요셉은 고개를 절레절레 흔들었다. 그러다 그만 자기 나귀하고 눈이 마주쳤다. 그는 나귀가 그를 향해 따뜻한 미소를 짓는 것을 보았다. 너무도 포근한 친구의 미소였다. 요셉도 마주 웃었다. 머리로는 들

뜬 분위기에 취해서 제정신이 아닌 것 같다는 진단
을 내리면서도 마음으로는 수년간 그의 곁을 지켜
준 나귀에게 감사하는 마음이 들었다. 요셉은 손을
들어 나귀의 머리를 쓰다듬었다.

그때 요한이 말을 걸어왔다.

"삼촌. 왠지 모르겠지만, 예수님이 며칠 내로 우
리 집에 오실 것만 같은 생각이 들어요. 만약 그렇
게만 된다면 얼마나 좋을까!"

요셉도 왠지 그럴 것 같다는 생각이 들었다. 올해
유월절은 예수라는 분을 통해 뭔가 대단한 일이 벌
어질 것만 같았다. 저분이 벌이는 일이 무엇이든 간
에 그와 그의 후계자가 된 조카의 운명까지도 모두
뒤바꿔버릴 만큼 엄청난 사건이 될 것 같았다. 그는
급격한 변화를 싫어했지만, 왠지 이번만큼은 그의
전 재산뿐만 아니라 그의 인생까지도 송두리째 걸
고 저분을 따라나서야 할 것만 같은 기분이 들었다.

그의 마음을 이해한다는 듯이, 그리고 그의 결심
을 촉구하듯이 나귀가 고개를 숙여 머리를 그의 어

깨에 대고 비볐다. 요셉은 '허허' 웃으며 다시 손을 뻗어 나귀의 머리를 쓰다듬었다.

"그래. 이놈아. 나도 네가 좋다. 내가 예루살렘에 정착하지 못하고 떠나야 한다면 지금까지 그랬듯이 너도 나와 함께 가자꾸나. 왠지 우리는 저분을 위해 위대한 모험을 떠나야 할 것만 같구나. 그것이 하나님의 뜻이라면 말이다."

요셉과 나귀는 이제 멀어져가고 있는 예수와 어린 나귀의 뒷모습을 함께 바라보았다.

-끝-

작가의 말

우리의 삶은 매우 다양하고 복잡하다. 이런 삶에 변화를 가져오는 진리가 명징한 몇 마디 말로 이루어졌다고 생각한다면, 대단한 착각이다. 성경은 진리를 몇 마디 말로 전하지 않는다. 성경은 여러 시대에서, 여러 사람을 통해, 여러 방법으로 기록되고 전해졌다. 성경의 진리는 보석함에 고이 담겨있지 않고, 시루떡 같고 실타래 같이 얽히고설킨 이야기에 녹아있다.

성경이 전하는 이야기 자체를 즐기기 바란다. 이야기는 읽는 것보다 듣는 것이 더 재미있다. 가만히 듣는 것보다 끼어들고 참견하면서 듣는다면 더욱 신이 난다. 아이들은 이야기에 풍덩 뛰어들어서, 이야기가 전하는 진리를 고스란히 자기의 것으로 받아들인다. 이야기는 아이들을 꿈꾸게 하고, 용기를 북돋아주고, 삶에 변화를 가져다준다.

예수는 하나님이 진리를 "지혜 있는 사람들과 똑똑한 사람들에게는 감추시고, 철부지 어린 아이들에게는 드러내 주셨으니, 감사합니다.(눅10:21)"라고 말했다.
사실, 성경의 진리를 발견하는 것은 결코 어렵지 않다. 당신이 지혜 있고 똑똑한 어른대신, 철부지 어린 아이가 되어 성경의 이야기를 즐기면 된다.

성경을 이야기로 즐기는 법을 배우고 싶다면, '요셉의 나귀'를 올라타라. 이 책이 당신을 성경의 수많은 이야기 중에 하나로 데려다줄 것이다. 이 책은 예수와 같은 시대를 살았던 나귀들과 그들의 주인들에 관한 이야기이다.

당신의 종교적 신념이 무엇이든 간에, 그런 신념이 없어도, 당신은 이 책을 통해 예수 시대의 삶의 정황에 풍덩 뛰어들 수 있다. 당신은 고대 예루살렘 성의 화려함에 놀랄 것이다. 예루살렘은 로마 사람들도 감탄해 마지않았던 대단한 국제도시다. 예루살렘 주변 농촌의 소박한 풍경도 마음에 들 것이다.

무엇보다도, 이 책의 수다스러운 나귀들과 토론해 보길 권한다. 나귀의 주인들도 만나서 그들의 말을 들어보라. 당신 마음대로 끼어들고, 참견해도 좋다. 사람과 나귀들은 서로 소통하지 못해왔기에, 당신의 등장을 매우 고마워할 것이다.

당신이 '요셉의 나귀'를 즐겼다면, 성경의 '복음서'도 충분히 즐길 수 있다. 복음서의 이야기 속에서 낯익은 사람이나 나귀를 만날 수도 있다. 그때는 그냥 지나치지 말고 먼저 아는 체하기 바란다. 그들이 당신을 또 다른 진리의 이야기들로 안내해 줄 것이다. 이야기는 이야기를 낳는다.
당신의 이야기도 예외가 아니다!
진리의 이야기들이 당신의 인생을 더 신나고 재미있고 풍성한 이야기로 만들어 줄 것이다.